33 ans avec vous !

Du même auteur

Aux éditions Michel Lafon :

L'Almanach des régions, 2011-2021
La France des saveurs, 2007
Au cœur de nos régions, 2006
Pour tout vous dire, 2006
Les magnifiques métiers de l'artisanat, tomes 1 et 2, 2004 et 2005

Chez d'autres éditeurs :

Combien ça coûte ?, éditions Albin Michel, 2009
Les cent plus belles fêtes de France, TF1 éditions, 1995

Jean-Pierre Pernaut

33 ans avec vous !

*Tous droits de traduction, d'adaptation
et de reproduction réservés pour tous pays.*

© Éditions Michel Lafon, 2021
118, avenue Achille-Peretti – CS 70024
92521 Neuilly-sur-Seine Cedex
www.michel-lafon.com

À Nathalie
À Julia, Lou, Olivier et Tom
À mes petits-enfants Iris, Éléa, Léo et Rose
Et à tous ceux qui m'ont invité à déjeuner
depuis trente-trois ans !

Avant-propos

Fiertés et passions

On ne quitte pas la présentation d'un journal télévisé comme le 13 Heures sans un énorme pincement au cœur après quarante-six ans de carrière à TF1 : 8 500 journaux présentés dont 7 000 à la mi-journée, 115 000 reportages tournés jusque dans les plus petits villages de France, 15 000 magazines sur les traditions, les cultures régionales, l'artisanat et le patrimoine immense d'un pays que j'aime tant. Un rendez-vous quotidien depuis presque trente-trois ans !

Trente-trois ans et environ 150 éditions spéciales en extérieur, des inondations de Nîmes à l'élection du plus beau marché de France, en passant par la catastrophe de Tchernobyl, l'explosion de l'usine AZF, les attentats du 11 septembre à New York, la guerre du Liban, la Coupe du monde 1998. De grands moments

33 ans avec vous !

partagés avec le public comme lors du pèlerinage des Saintes-Maries-de-la-Mer, ou des cérémonies de Sainte-Mère-Église pour les commémorations du Débarquement, et tant d'autres événements qui ont marqué un tiers de siècle de notre vie, de nos traditions et de notre histoire.

Trente-trois ans et des dizaines de « spéciales » en studio, de la chute du mur de Berlin à la mort de Jacques Chirac en passant par les guerres en Irak, les attentats à Paris en 2015, la pandémie de coronavirus, la mort et les obsèques de Johnny Hallyday, six élections présidentielles, vingt-quatre gouvernements, trois papes, dix-huit Jeux olympiques d'été et d'hiver…

Mais, à côté de tout cela, je retiendrai surtout le lien extraordinaire noué avec un public pour lequel j'ai mis toute ma passion dans ce métier et qui me l'a rendue au centuple par sa fidélité et ses innombrables messages de soutien pendant toutes ces années.

Je suis fier d'avoir créé un réseau de correspondants en régions pour raconter la réalité du terrain afin de lutter contre une fracture territoriale bien réelle, d'avoir donné la parole aux gens, aux vrais gens, plutôt qu'à des représentants d'institutions, pour montrer la France telle qu'elle est et non telle que quelques-uns voudraient qu'elle soit. Ces correspondants dans les régions ont constitué autour de moi une vraie famille à laquelle je dois tout.

Un tiers de siècle en toute indépendance, en gardant toujours l'esprit de curiosité qui est à la base de notre métier de journaliste. Cette indépendance, synonyme d'honnêteté, je la dois à Patrick Le Lay et Étienne Mougeotte, qui me l'ont accordée. À leurs successeurs aussi, Nonce Paolini et Gilles Pélisson, qui m'ont renouvelé leur confiance au fil des ans.

Coup de chapeau à mes rédacteurs en chef qui ont patiemment construit cet édifice avec moi et notre petite équipe : Christian Bousquet, Catherine Nayl, Anne de Coudenhove, Alain Badia, Fabrice Decat, mon compagnon de route de trente ans, et aujourd'hui Caroline Henry, Jean-Christophe Geffard et Lionel Charpentier.

Je suis fier d'avoir partagé la passion de centaines de journalistes talentueux ; fier d'avoir permis à beaucoup de s'épanouir à mes côtés dans le 13 Heures. Pour ne citer qu'eux, Michel Izard, l'un des grands gardiens de « l'esprit 13 Heures », qui a sillonné le monde à la recherche de tous les petits bouts de terre français dans ses merveilleux carnets de route, et Alain Darchy, l'homme de l'image, grand spécialiste de l'aéronautique, qui s'est plongé avec délice et bonheur dans cette France que l'on dit profonde mais qui est la France rurale dont il filmait si bien les réalités. Et puis merci à ceux qui m'entourent aujourd'hui, comme Mehdi Chebana, qui m'accompagne chaque jour depuis tant d'années, et Marie-Jo Planson avant lui. Et Dominique Lagrou-Sempère, qui sait si bien nous faire entendre la voix des vrais gens, qui sait les écouter et qui, avec une humanité hors du commun, nous fait partager son talent dans toutes nos opérations spéciales, comme « SOS Villages », l'élection du « Plus beau marché de France », ou la très belle émission « Au Cœur des régions ».

C'est tout cela que je voudrais vous raconter dans ce livre sans jamais oublier ni d'où je viens, ni les galères, ni ceux qui m'ont permis de garder les pieds sur terre, ni mes autres passions comme le théâtre ou le sport automobile.

Mais surtout j'ai envie de vous faire partager mon immense bonheur d'avoir passé trente-trois ans avec vous.

1

Coup de tonnerre dans le PAF

Tour TF1, mardi 15 septembre 2020, 8 h 45

Je n'en mène pas large. Non, vraiment pas. Dans une poignée de minutes, je m'apprête à annoncer à mes équipes mon départ du 13 Heures, juste avant que l'AFP ne publie sa dépêche. Franck Baudoux, notre chef d'édition, a convoqué toute la rédaction via l'interphone pour 9 heures tapantes : *« Jean-Pierre a quelque chose à vous dire. »* C'est laconique et un peu mystérieux. Dans les couloirs et les bureaux de la tour qui surplombe la Seine, personne ne se doute de quoi que ce soit. Pourtant, ce n'est pas mon habitude de lancer un tel appel général…

Trois quarts d'heure plus tôt, je me suis éclipsé sur la terrasse-jardin de notre immeuble, inondée par un beau soleil rasant de fin d'été.

33 ans avec vous !

Au milieu des plantes vertes et des quelques arbres fruitiers, je tente vaille que vaille de me filmer en train de lire le message que j'ai rédigé la nuit précédente. Ma main tremble. Je me sens gagné par l'émotion. Aucune prise ne convient. Heureusement, Mona Hadji, une de mes collaboratrices en qui j'ai toute confiance, passe par là. Je lui tends mon portable. C'est elle qui fera office de réalisatrice. Elle est ébahie de ce qu'elle entend, et j'aperçois de petites larmes au coin de ses yeux. On enregistre deux courtes vidéos, que j'enverrai juste après mon annonce à la rédaction, l'une pour notre groupe WhatsApp à l'attention de nos correspondants en régions, l'autre sur Twitter pour le grand public :

« *Bonjour à toutes et à tous. J'ai tenu à enregistrer cette vidéo pour vous donner directement une information importante pour vous comme pour moi. Je l'ai annoncée ce matin à la rédaction de TF1 et à nos correspondants en régions.*

Pendant le confinement, vous avez plébiscité le "13 Heures à la maison". Dans un sondage qui a suivi, vous m'avez sacré "personnalité télé préférée des Français". Les audiences du journal sont toujours aussi formidables. C'est un rendez-vous unique que nous avons tous les jours depuis trente-trois ans. Trente-trois ans, un tiers de siècle et de passion quotidienne. De fierté aussi.

Mais j'ai décidé de changer de rythme, de transmettre le flambeau du 13 Heures à la fin de cette année. Quel que soit leur choix pour prendre le relai, je suis certain que Gilles Pélisson et Thierry Thuillier auront à cœur de maintenir ce journal dans la même logique de proximité avec les Français et avec les régions.

Pour autant, je ne quitte ni ce métier, ni le groupe TF1, ni le lien qui m'attache tellement à vous. Je peux déjà vous dire que je continuerai à animer nos belles opérations "SOS Villages" et l'élection du "Plus beau marché de France" notamment. On prépare un nouveau grand magazine sur les richesses de notre terroir. Un nouveau programme digital où je vous retrouverai régulièrement, comme dans une émission qui me ressemblera sur LCI. Je vous en dirai plus par la suite. Je vous retrouverai aussi de temps en temps dans les opérations spéciales de TF1.

Je sais que ma décision d'arrêter le 13 Heures va surprendre pas mal d'entre vous. Je l'ai mûrement réfléchie. Le 13 Heures et moi, c'est une aventure vraiment extraordinaire, grâce à vous et à votre confiance, celle de vos parents et de vos grands-parents parfois depuis trente-trois ans ! C'est un virage que je vais prendre à la fin de l'année, je l'espère avec vous aussi. D'ici là, c'est toujours à 13 Heures que nous avons rendez-vous ! Donc à tout à l'heure… ou à demain. »

9 heures, salle de conférence. Debout, masqués, à distance réglementaire les uns des autres, une cinquantaine de journalistes, de techniciens et d'assistantes attendent que je prenne la parole. Parmi eux s'est glissé Thierry Thuillier, le directeur de l'information du groupe, le seul dans l'assistance à être dans la confidence. Au moment où je commence à m'exprimer, tous les téléphones se mettent à crépiter. Le flash de l'AFP vient de tomber : « *Urgent/Jean-Pierre Pernaut a décidé de quitter le 13 Heures de TF1 selon* Le Figaro... » Stupeur et abattement. Personne ne s'y attendait. À leurs yeux, mon départ est tout sauf naturel. Dans notre immense salle soudainement trop petite pour absorber tout ce flot d'émotions, certains versent quelques larmes, d'autres me prennent dans leurs bras comme ils peuvent, tous semblent émus. Malgré les masques et les gestes barrières qui nuisent grandement aux effusions, je sens une vague de chaleur humaine m'envelopper doucement. Durant toutes ces années, ensemble, aux commandes du JT de la mi-journée le plus regardé d'Europe, nous avons noué des liens très forts et vécu des moments uniques. Je sais à cet instant précis que tout cela me manquera terriblement.

Je suis loin d'imaginer l'emballement médiatique qui s'ensuivra et l'avalanche de messages qui déferleront.

En quittant la salle du deuxième étage, Thierry organise avec moi une conférence à distance avec tous nos correspondants régionaux qui ont appris la nouvelle quelques minutes auparavant en découvrant la petite vidéo que je leur ai envoyée. Là encore, le moment est très émouvant car j'ai contribué à développer ce réseau de reporters régionaux dès mon arrivée au 13 Heures début 1988. Beaucoup d'entre eux me confient qu'ils n'imaginaient pas que je puisse partir un jour. J'essaie de les rassurer : *« N'ayez pas peur ! Changer de responsable à 13 Heures quand il est là depuis si longtemps, c'est comme quand on décide un jour d'enlever le bahut qui trône dans le salon de la grand-mère depuis des décennies. On a peur de ressentir un grand vide, un déchirement. Mais je suis sûr que vous l'oublierez vite ! »*

Sans doute, pour certains, suis-je un peu ce vénérable buffet imposant qu'ils ont toujours vu à la même place. Les questions fusent. Thierry rassure les uns et les autres. Oui, Jean-Pierre, à sa demande, quittera bien le 13 Heures fin décembre, mais non, l'esprit et la logique de celui-ci ne seront pas abandonnés.

33 ans avec vous !

Quelques heures plus tard, à la fin du journal, je réitère mon annonce, cette fois en direct face caméra pour les téléspectateurs. Pour la première fois de ma vie, je me sers du prompteur, ce fameux appareil tant utilisé dans l'audiovisuel qui permet de faire défiler un texte devant la caméra. Sans cette béquille technique qui permet de tenir l'émotion à distance et d'éviter de trébucher sur les mots, je n'aurais sûrement pas pu aller au bout de ce que j'avais à dire.

Fierté, tristesse, ces deux sentiments se bousculent dans ma tête. Je suis fier d'avoir dirigé et présenté si longtemps ce journal télévisé de la mi-journée unique en son genre, à la fois proche du quotidien des Français mais toujours rigoureux sur l'actualité, qu'elle soit régionale, nationale ou internationale. Je suis fier de partir avec de tels résultats et une audience au beau fixe depuis tant d'années. Avec plus de 5 millions de téléspectateurs chaque jour, le 13 Heures s'est imposé depuis plus de trente ans comme un rendez-vous médiatique incontournable. Avec plus de 40 % de parts de marché, ce JT est et reste une exception dans un paysage audiovisuel si agité depuis quelques années.

En trente-trois ans, avec ma petite équipe, j'ai la faiblesse de croire que nous n'avons jamais manqué un seul grand événement, ni failli à notre devoir de journaliste dans l'esprit de la devise chère à *Ouest-France*, le premier quotidien de France : « *Dire sans nuire, montrer sans choquer, témoigner sans agresser, dénoncer sans condamner* ». Est-ce du pif ? Est-ce un attachement à une certaine éthique que d'autres qualifieraient de désuète ? Forcément un peu des deux. Il est vrai que j'ai été à bonne école auprès de tant de pointures du métier pendant mon demi-siècle passé à l'information de TF1.

J'ai le sentiment du devoir accompli : le 13 Heures se porte mieux aujourd'hui que quand je l'ai pris en main un jour de février 1988. Et quand *TV Magazine*, avec l'institut OpinionWay, m'a fait l'honneur de me désigner « personnalité télé préférée des Français » en juin 2020 à la sortie du confinement, mon ego en a pris un (joli) coup. Certes les audiences quotidiennes sont la plus belle des récompenses, mais des prix comme les quatre 7 d'Or obtenus il y a bien longtemps, ou un sondage comme celui-là, procurent toujours beaucoup de fierté. Mais, puisque toutes les bonnes choses ont une fin, il faut « *savoir dire stop* », comme le chantait Alain Bashung.

33 ans avec vous !

Si ma passion du 13 Heures demeure intacte, c'est précisément pour ne pas qu'elle s'étiole un jour que je préfère me retirer maintenant.

Fierté donc, mais aussi tristesse. J'éprouve le curieux sentiment d'abandonner ceux qui travaillent avec moi, ceux qui ont travaillé à mes côtés, et surtout ceux avec qui je déjeune virtuellement tous les jours depuis toutes ces années à 12 h 58 très exactement. Je m'invite sans frapper dans leur cuisine, leur salon, leur salle à manger depuis tellement de temps que j'ai l'impression de faire un peu partie de leur vie. Un clic sur la télécommande et j'apparais. Un autre et je disparais sans bruit. Ils savent qu'ils me retrouveront le lendemain, fidèle au poste, avec ma sempiternelle cravate bleue. Ils savent qu'ils entendront « Mesdames et Messieurs, bonjour… », que je glisserai très souvent les prévisions météo en ouverture, sauf actualité majeure, et que je terminerai invariablement sur une note optimiste et une belle image de notre pays. Leur fidélité extraordinaire, se perpétuant au fil des générations, aura été ma récompense sans cesse renouvelée. Mon plus beau cadeau ? Quand j'entends des jeunes me dire que leurs grands-parents puis leurs parents avant eux ont toujours regardé mon JT et qu'à leur tour, ils allument naturellement la Une à 13 heures. Qui aurait pu croire que notre JT deviendrait le plus « jeune » de France, avec 30 % de parts d'audience chez les 25-34 ans ? Je l'ai constaté au fil des ans, les jeunes aussi sont attachés à leurs racines. De plus en plus, d'ailleurs... Il n'y a qu'à voir leur engouement pour des métiers que l'on disait « en voie de disparition » et qui reviennent à la mode, ou pour des opérations de reprise de commerces comme « SOS Villages » qui les passionnent.

Je n'ai jamais simulé ni surjoué mon attachement aux régions, à ceux qui y vivent et y travaillent. Ceux qui m'écoutent savent que je suis profondément attaché à la nature, aux racines, au terroir, aux traditions, étant moi-même Picard et fier de l'être. Il me revient ici ce court passage où Michel Houellebecq m'avait étonnamment cité dans son roman *La Carte et le territoire*, prix Goncourt 2010 : « *Partant de l'actualité immédiate – violente, rapide, frénétique, insensée – Jean-Pierre Pernaut accomplissait chaque jour cette tâche messianique consistant à guider le téléspectateur, terrorisé et stressé, vers les régions idylliques d'une campagne préservée, où l'homme vivait en harmonie avec la nature, s'accordait au rythme des saisons.* » À l'époque, cela avait surpris pas mal de monde... moi le premier.

33 ans avec vous !

Au 13 Heures, nous avons essayé de rendre compte des difficultés, des attentes, des colères, des réussites aussi, des personnes qu'une petite élite parisienne ignore superbement. Attachement réciproque si j'en crois les milliers de messages que j'ai reçus sur ma page Facebook depuis ce mardi matin où j'ai publiquement annoncé ma décision :

« *Nous avons grandi et vieilli ensemble (33 ans et j'en ai 39). Je respecte votre choix, même si cela sera difficile de ne pas voir un visage familier de façon journalière. Merci à vous. La beauté du journalisme, c'est sa représentation sans artifice et vous en étiez l'image… Merci encore.* »

« *Oh, zut ! Vous faites tellement partie de nos vies. Merci pour vos interventions tellement agréables et pleines d'humanité.* »

« *La fin d'une époque… Qui osera dire tout haut ce que l'on pense tout bas, maintenant ?* »

« *En entendant cette nouvelle un grand frisson m'a parcourue et quelques larmes me sont venues. Tant d'années en votre compagnie. Il va falloir s'habituer au 13 Heures sans vous. Respect cher M. Pernaut.* »

« *Dommage, il aime notre pays et c'est le seul qui ait le courage de ses opinions. La petite pique personnelle et sa franchise nous manqueront ainsi que son sourire.* »

« *Merci M. Pernaut pour tous ces journaux télévisés où vous nous avez fait rencontrer la France avec ses artisans,* ses commerçants, ses métiers bientôt disparus, ses gens avec leurs histoires drôles ou tristes, ses animaux, ses monuments, ses magnifiques paysages… et j'en oublie. Merci d'avoir mis en avant ceux que l'on n'entend jamais, ceux que l'on ne voit jamais : nous. »

Même tonalité sur Twitter. L'écrasante majorité des deux mille tweets que je reçois ce mardi-là sont bienveillants eux aussi. Ces remerciements et encouragements me vont droit au cœur :

« C'est bien son franc-parler qui va nous manquer ainsi que son enthousiasme à nous montrer nos belles régions. »

« Sa voix, son charisme et son savoir-faire sont toujours au top. Il a su partager son amour des régions et des "petits" artisans, commerçants, entrepreneurs… nos territoires sous la lumière. »

« Oui mais un 13 Heures sans Jean-Pierre ce sera comme un repas en Auvergne sans saint-nectaire à la fin… »

« Nous regretterons votre présence au 13 Heures et cette formidable modestie. Vous avez été le seul à faire s'exprimer beaucoup de gens qui font la France profonde et vous avez mis en valeur tant de richesses de notre belle France. »

« J'ai 33 ans, et j'ai grandi avec vous, derrière l'écran. »

« Une immense claque que je prends, vous ferez toujours partie de notre famille, bonne continuation Jean-Pierre. »

« On vous aime ! Merci pour votre bienveillance et votre humanité. »

33 ans avec vous !

« Ça va vraiment faire bizarre. Depuis tout petit, je vous voyais tous les jours ou presque. Cette habitude m'avait été donnée par ma grand-mère et mes parents par la suite. »

« Merci pour toutes ces années au cours desquelles vous êtes devenu un repère pour nous tous. Personne n'a été et ne sera plus capable d'une telle longévité à ce même poste. Vous nous manquerez, mais on vous souhaite le meilleur pour votre prochaine aventure. Bravo ! »

« À 31 ans, j'ai jamais vécu dans un monde où le 13 Heures n'est pas présenté par JPP. Je sais pas du tout si je suis capable. »

« Pas ça, @pernautjp, pas aujourd'hui, pas maintenant, pas après tout ce que tu as fait :-) »

Et le message qui m'a fait le plus rire ce jour-là écrit par un journaliste de TF1, Axel Cariou, ancien correspondant en régions avec qui j'ai beaucoup travaillé : « *Décidément, quelle année de m… !* » Tu as bien raison cher Axel. Je crois qu'on n'est pas près d'oublier ce sacré millésime 2020 !

Coïncidence savoureuse dans cette folle journée, j'ai rendez-vous à 15 heures avec Martin Bouygues, le patron du groupe qui porte son nom, actionnaire principal de TF1, que je connais bien pour avoir travaillé à ses côtés pendant vingt-cinq ans lorsque j'étais administrateur de TF1, élu pour représenter les salariés cadres de la chaîne. La date du 15 septembre a été bloquée deux mois plus tôt. Au moment de caler cette entrevue avec son secrétariat, il n'était évidemment pas dans mes intentions d'annoncer publiquement mon départ précisément ce jour-là. Mais *Le Figaro* en a décidé autrement en faisant fuiter l'information que nous n'étions qu'une petite dizaine à connaître…

Martin Bouygues me reçoit très gentiment dans son bureau de l'avenue Matignon, au siège parisien du groupe. Je suis venu le remercier de la confiance et de la liberté qu'il m'a accordées pendant toutes ces années. C'est lui qui me remercie chaleureusement d'avoir insufflé un ton positif à ce journal télévisé regardé tous les jours par des millions de Français. Il me rappelle l'attachement de ses parents à ce rendez-vous quotidien où ils appréciaient tant l'image des régions que nous donnions enfin, sans nous complaire dans l'aspect anxiogène de l'actualité étalé par tant d'autres médias… Francis Bouygues avait été le premier à me faire confiance peu après la privatisation de la chaîne. Dans son bureau, Martin me raconte que, comme son père, il prend toujours plaisir à regarder le 13 Heures quand son agenda le lui permet.

Retour au bureau. Mon portable sonne quasiment en continu. Celui de Caroline Stevens, qui gère parfaitement mes relations-presse depuis des années, est, lui, totalement saturé de demandes d'interview. Beaucoup d'amis, de collègues, d'ex-collègues aussi, m'entourent de leur affection et de leur amitié. Le lendemain, mercredi 16, je me retrouve bombardé en Une de quantité de quotidiens régionaux. *Sud-Ouest* titre « La fin d'une époque », avec ma photo pleine page, digne de l'élection d'un Président ou de la mort d'un pape ! *L'Est Républicain*, *Le Républicain lorrain*, *Le Progrès*, *La Nouvelle République*, *Le Télégramme*, *Le Midi Libre*, *La Voix du Nord*, *Var-matin*, *Nice-matin*, *La Dépêche du Midi* et bien entendu mon cher *Courrier picard*, chaque titre y va de son éloge appuyé. *« Une page se tourne »*, s'exclament-ils à l'unisson. Même *Le Parisien* m'adresse un clin d'œil géant, en titrant « Sacré Jean-Pierre » en gros caractères. En dessous, je peux lire : *« Son JT de 13 Heures […] marquera l'histoire de la chaîne. »* Et dire qu'à Paris, on a tellement ignoré mon journal pendant tant d'années ! Dans les colonnes du *Figaro*, on me qualifie de *« monument de la télévision française »*. En Belgique francophone, j'ai droit à un bel hommage qui fleure bon le terroir et la proximité dans le quotidien la *DH*, avec en titre « L'ami de la France profonde ».

Ce même mercredi, je participe à l'émission « Quotidien » de Yann Barthès sur TMC. J'enchaîne le lendemain avec une longue interview sur LCI. Dix jours plus tard, pour conclure cette intense séquence médiatique, Nicolas Charbonneau, le directeur de la rédaction du *Parisien Week-end*, aura sans doute dans son édito du 25 septembre les mots les plus sympathiques sur ce que j'ai essayé d'être durant toute ma carrière : « *Regardez bien les yeux de Jean-Pierre Pernaut quand il dit bonjour aux Français un peu avant 13 heures.* […] *Le regard de JPP trahit ce qui l'anime depuis presque trente-trois ans : le plaisir d'être là, avec ceux dont il raconte la vie. Jean-Pierre Pernaut est un phénomène. L'antistar de la télé.* […] *Parce qu'il exerce finalement assez simplement son métier, et qu'il parle aux gens. Ce journalisme-là ne s'apprend pas dans les écoles et ne se transmet qu'assez rarement, en fait. La qualité de JPP, c'est savoir sentir, et ressentir même, avec les tripes, ce qui se passe dans son pays.* […] *JPP, c'est l'anti-mépris.* »

Cette décision de changer de rythme, bien sûr, je l'ai mûrement réfléchie. On n'interrompt pas un tiers de siècle de JT comme cela. Ni coup de tête ni claquement de doigts. Au vrai, j'y pense depuis quelque temps. Je me suis souvent demandé ce qui se passerait si… Je me revois ainsi un jour de septembre il y a quelques années, de retour de vacances, débarquer dans le bureau du patron de l'époque, Nonce Paolini :

— *Tu ne crois pas qu'on devrait commencer à penser à mon remplacement ? Pour l'instant, ça va, mais un jour il faudra le faire, non ?*

— *Arrête, Jean-Pierre. Ne nous embête pas avec ça… et retourne travailler*, ajouta-t-il avec bienveillance.

Son successeur, Gilles Pélisson, était sur la même longueur d'ondes « positives », comme le slogan pub de la chaîne. À ses yeux, tout allait bien. Pourquoi prendre le risque de chambouler les choses ? Je suis en pleine forme, toujours aussi motivé et les audiences enviables justifient la confiance qu'il place en moi. *What else ?*, comme dirait l'autre. Notez que j'aurais eu l'air malin si je m'étais entendu répondre ce jour-là : « Oui, tu as raison Jean-Pierre. Tiens, pars à la fin du mois, ce sera mieux pour tout le monde ! »

Malgré ces précieuses marques d'estime de la part des patrons de TF1, je ne peux m'empêcher de me poser des questions. Saurai-je décrocher à temps ? Aurai-je la lucidité et la sagesse de ne pas faire la ou les saison(s) de trop ? Comment prendre congé de ce rendez-vous quotidien que j'ai fait mien sans décevoir ? Et si un accident survenait ? Ne serait-ce pas une faute professionnelle de ne pas avoir anticipé le passage de témoin ? De temps en temps, j'évoque aussi avec mes patrons la possibilité de tester de jeunes journalistes maison « au cas où »… Après tout, au milieu des années 1970, on m'a bien donné ma chance et bombardé à la présentation du journal de la nuit alors que j'avais peu d'expérience. Pourquoi ne pas reproduire le même schéma ? Pas facile, puisqu'il n'y a désormais plus de journaux, ni la nuit ni le matin, pour tester de nouvelles recrues. Et pas possible de remplacer Jacques Legros, qui assure si bien sa tâche de « remplaçant » pour laquelle je l'avais choisi il y a si longtemps. La confier à quelqu'un d'autre donnerait un signal évident de mon prochain départ. Pas question de laisser penser que le « taulier », selon l'expression de mes amis de TF1, peut partir. Le « taulier »… Non, franchement… Et puis, le vrai taulier, c'est Johnny Hallyday.

Pendant longtemps donc, ce ne sera jamais le moment. *« Arrête Jean-Pierre, retourne travailler… »* C'est ma petite musique de rentrée des classes à l'heure où tombent les premières feuilles. *« Quand le temps viendra, le plus tard possible bien sûr… »* m'assure-t-on. Lors de la jolie fête concoctée dans la tour TF1 de Boulogne-Billancourt par la direction pour mes trente ans de JT début 2018,

Gilles Pélisson déclare tout haut en m'offrant de beaux cadeaux, dont une réplique en fer de la Tour Eiffel : « *Jean-Pierre partira quand il voudra* ». J'aurai donc l'immense privilège de choisir mon moment. Je n'ignore pas que beaucoup de mes consœurs et confrères n'ont pas eu ce choix de roi. À moi de ne pas rater cette fenêtre. Ne pas gâcher quarante-six ans de fidélité à la même entreprise – je suis entré à TF1 le jour de sa création, le 6 janvier 1975 – en voulant m'agripper coûte que coûte à mon fauteuil, ma place, mon statut.

Et puis, la pandémie de la Covid-19 est passée par là. La crise sanitaire du printemps 2020 a dissipé mes dernières hésitations. Elle a finalement tout balayé. Mon confinement aura duré trois mois et non deux, comme pour la plupart des Français. Ma « libération » n'a pas eu lieu le 11 mai, mais le 9 juin. Le médecin de TF1 s'était montré catégorique : « *Monsieur Pernaut, vous venez d'avoir 70 ans. Il faut suivre les recommandations du gouvernement. Je ne peux pas vous autoriser à revenir. Vous devez encore rester chez vous, à l'abri. Désolé.* »

Gros silence. Merci, docteur. Super pour le moral ! Que faire ? Je me sens pourtant bien.

Je tourne en rond. Je rumine, je gamberge, je soupèse. Les options défilent dans ma tête. Ma rubrique d'une dizaine de minutes intitulée « Le 13 Heures à la maison » que nous avons montée au début du confinement est rebaptisée « Le 13 Heures avec vous ». Ces trois longs mois d'enfermement – je ne suis sorti qu'une seule et unique fois pour me rendre chez mon médecin avec mon autorisation de sortie bien sûr – ont le mérite de m'avoir rapproché de ma famille et de la vraie vie. Longuement, je parle à Nathalie, ma femme, d'arrêter le journal dans l'année qui vient. Elle m'aide à me décider. Dès mon retour, je l'annonce à Gilles Pélisson et Thierry Thuillier qui, cette fois, ne m'en dissuadent pas.

La veille de l'entretien, le sondage sur les *« personnalités télé préférées des Français »* m'honorait de la première place. Félicitations enthousiastes des chefs. Rires partagés. S'attendaient-ils à mon souhait de tourner la page ? Peut-être. Cette fois, le moment semble opportun. Tout le monde en convient : *« OK, Jean-Pierre. On y réfléchit ensemble et on organise tout dès que tu nous le confirmes »*, conclut Gilles Pélisson.

Le processus est désormais enclenché. Durant mes vacances sur la côte varoise, nous discutons encore longuement avec Nathalie. Ma décision est aussi la sienne. Je suis serein, car je sais que j'ai fait le bon choix.

À mon retour le 24 août, je suis psychologiquement prêt. Nous convenons de tout caler avec Thierry dans la plus grande discrétion. L'idée étant de passer le flambeau dès le 31 décembre 2020 et non pas en juin 2021, comme je l'avais d'abord envisagé. Non seulement Thierry me témoigne sa confiance en me proposant immédiatement d'autres projets stimulants pour 2021, mais il m'assure aussi qu'il préservera la ligne éditoriale si particulière du 13 Heures, à laquelle je suis profondément attaché, comme toute mon équipe. On doit pouvoir faire du « Pernaut sans Pernaut ».

Idéalement, j'aimerais attendre la Toussaint pour l'annoncer officiellement. Mais une journaliste futée du *Figaro* va en décider autrement. Le 13 septembre, on découvre qu'elle va sortir l'info. Thierry Thuillier la persuade d'attendre vingt-quatre heures pour que nous prévenions d'abord la rédaction de TF1. Elle accepte. Comment et par qui a-t-elle été informée de mon prochain départ ? Mystère. On ne le saura probablement jamais et, après tout, ce n'est pas l'essentiel.

En attendant, avec Thierry, il nous faut changer nos plans pour prévenir tout le monde. Trois jours plus tard, il révèle le nom de celle qui me succèdera dans un peu plus de trois mois : Marie-Sophie Lacarrau, ma concurrente de France 2 depuis quelques années. Elle semble à la fois pétillante et empathique. Je ne la connais pas directement, mais tout le monde me confie qu'elle est sympathique. Je l'ai d'ailleurs moi-même constaté pendant ma convalescence après mon cancer : elle m'avait envoyé de jolis messages de soutien. C'est symbolique, n'est-elle pas née l'année où j'ai intégré TF1 ? Je trouve que c'est un beau clin d'œil. Et puis une personne qui vient de Villefranche-de-Rouergue dans l'Aveyron et qui ne renie pas tout à fait son accent chantant devant une caméra part avec un atout supplémentaire dans sa manche. Je lui passe le témoin en toute confiance. Et lui souhaite évidemment le meilleur pour les trente-trois prochaines années !

Pour ma part, je sens bien qu'en annonçant mon départ si longtemps à l'avance, le compte à rebours d'ici le vendredi 18 décembre, jour de mon dernier 13 Heures, risque d'être très long. Quand je rentre chez moi ce fameux mardi soir 15 septembre, ma femme me dit :

33 ans avec vous !

— *Alors, c'est fait ?*
— *Oui, c'est fait. Maintenant, il faut tenir. Et préparer la suite !*

2

Racines, vocation et premiers pas

Si je suis né à Amiens, sous la neige, un jour d'avril 1950, j'ai passé toute mon enfance à une quinzaine de kilomètres, à Quevauvillers, un petit village de la Somme de 650 habitants. De ces années, il me reste quelques flashes, quelques sensations, quelques bribes de souvenirs. Je me revois, le front appuyé contre une vitre, reprendre mon souffle entre deux jeux endiablés. De là où je me tiens, j'aperçois la route qui longe la maison et traverse le village de part en part. J'entends aussi le bruit d'une carriole et de son attelage. Un paysan en descend. L'homme se dirige vers son cheval dont les naseaux rejettent de la vapeur à cause du froid. Il attache solidement le licou de l'animal à l'anneau de fer fiché tout exprès, dans le mur de la maison. Il se dirige vers la porte de chez nous. Sans doute vient-il chercher le remède qu'il a commandé en composant le « *7 à Quevauvillers* » et que le préparateur de ma mère a empaqueté dans la petite pièce attenante à l'officine. Est-ce une pommade ? Une poudre ? Un onguent ? Je l'ignore. Maman est pharmacienne. Ce qui n'est pas si courant à l'époque.

Françoise Pillot porte son éternelle blouse blanche. Je l'entends trottiner de son pas de femme menue, toujours en mouvement. Elle va, elle vient, grimpe prestement sur les barreaux de son échelle pour attraper les boîtes de médicaments ou les grands pots de pharmacie qu'elle affectionne tant. Quand elle ouvre les couvercles, je sens encore ces effluves persistants, mélange d'éther et de substances mystérieuses. Elle se tient toujours droite derrière son comptoir. Je n'entends pas ce qu'elle dit, mais je devine la scène : au ton un peu bourru et respectueux de son client, maman répond avec un calme, empreint de compassion et de sollicitude. Pour peu que son visiteur soit gêné financièrement, elle lui dira avec le sourire : « *Vous me paierez quand vous pourrez... ou vous m'apporterez une poule dimanche !* »

Fille d'instituteurs d'un village de Picardie, Bouvaincourt-sur-Bresle, ma mère a grandi chez des « rad-soc » convaincus : des radicaux-socialistes qui, pour être athées, n'en étaient pas moins très amis avec monsieur le curé. Mes grands-parents maternels ont hélas été séparés de longs mois par la Grande Guerre. Comme bon nombre de Français, Georges Pillot, mon grand-père maternel, a eu les poumons brûlés à Verdun. On l'a décoré de la Légion d'honneur. Il est décédé des suites d'inhalations de gaz dans les tranchées. Et si je n'ai pas eu la chance de le connaître, je regardais souvent et longuement son portrait, accroché sur un mur. Georges arborait un doux sourire et une fine moustache impeccablement taillée. Jusqu'à ces dernières années, une rue portait son nom à Bouvaincourt-sur-Bresle.

Mon père, lui, est ingénieur, passé par l'Institut industriel du nord (IDN), future École centrale de Lille. Jean Pernaut se rend tous les jours en 403 Peugeot à son usine d'Amiens, celle-là même qu'il a héritée de son père Paul et de son grand-père Alfred, et qui a été rasée par les bombardements, d'abord à Albert, dans la Somme, pendant la Première Guerre mondiale, puis à Amiens, où elle avait été reconstruite, durant la Seconde. De temps en temps, il me fait l'honneur de m'emmener sur son lieu de travail : un bâtiment imposant en briques rouges et toit en dents de scie. Son usine fabrique des machines-outils pour d'autres entreprises : des fraiseuses, des tourneuses et des perceuses. C'est lui qui les conçoit. Les jours où il me permet de l'accompagner, il me laisse le soin d'appuyer sur le gros bouton qui ouvre les grilles et déclenche la sirène, marquant le début de la journée pour une soixantaine d'ouvriers. Jovial, bon vivant, décontracté, papa a souvent un bon mot à la bouche. Il aime rire et faire rire, les plaisirs simples de la vie et, par-dessus tout, les soirées entre amis.

Mon enfance s'écoule, douce et paisible. Avec le fils du notaire, je suis le seul du village à pouvoir regarder la lucarne magique, celle que l'on appelle la télévision. Mes copains d'école adorent venir chez nous le jeudi après-midi – à l'époque, le jour de repos était le jeudi et non le mercredi). Ensemble, nous regardons des feuilletons, dont *Rintintin*, avant de rejouer les scènes de cow-boys et d'Indiens, en vrai, dans le vaste jardin entourant notre maison.

Je me souviens aussi de mon école communale, tenue par un couple, monsieur et madame Gély. Je m'y rends en blouse grise, empruntant les rues du village, boueuses sous la pluie, couvertes de neige certains hivers.

Racines, vocation et premiers pas

Le 8 mai et le 11 novembre, toute l'école est priée de se recueillir et d'entonner *La Marseillaise* ou *Le Chant des partisans* devant le monument aux morts. Je me rappelle surtout que j'ai découvert en classe le plaisir d'apprendre dans la bienveillance.

Le dimanche, il m'arrive souvent d'accompagner papa à la chasse. Je me revois porter son carnier aux heures blêmes de l'aube. Lui, devant, chaussé de grandes bottes, marchant dans les betteraves et les blés coupés. J'aime arpenter les chemins, j'aime venir recueillir le lait dans son pot d'étain directement à l'étable du voisin, j'aime les senteurs de la nature. Inscrit aux scouts, où je suis bombardé « infirmier » de la patrouille des Écureuils, pour la seule et bonne raison que je suis le fils de la pharmacienne, je découvre la camaraderie, les feux de camp et l'art de se débrouiller dans la nature par tous les temps.

Pour les vacances, nous chargeons la 403 jusqu'à la gueule et partons sur les routes de France. De temps en temps, en Bretagne, notamment à la pointe du Raz, mais aussi dans les Alpes, dans la station des Gets, près d'Avoriaz. J'ai bien conscience d'être un privilégié puisque nous ne sommes guère nombreux à pouvoir profiter régulièrement des sports d'hiver au tournant des années 1960. Pourtant, mon père déteste le ski. Un comble ! Mais il adore jouer aux cartes le soir et a la chance de compter sur deux partenaires qu'il retrouve chaque année dans le même hôtel du Mont-Chéry : Guy Lux et Roger Lanzac, deux hommes qui, *dixit* papa, « *font de la télévision* ».

Vers l'âge de onze ans, je quitte le cocon protecteur de Quevauvillers. Je pars entamer mes études secondaires dans l'immense cité scolaire à la périphérie d'Amiens, laquelle accueille chaque jour plusieurs milliers d'élèves venus de toute la région. Interne, je ne retrouve mon cher village qu'en fin de semaine. Si elles ne sont pas très brillantes, mes études s'avèrent surtout très longues. Elles m'amènent vers la sortie à un rythme d'escargot, car je m'offre le luxe de cumuler deux sixièmes, deux secondes et trois terminales !

Est-ce parce que je suis accaparé par le hockey sur gazon que je fais ainsi durer le plaisir scolaire ? Adolescent, je découvre cette discipline méconnue grâce à mon oncle, pharmacien lui aussi, et président du club de hockey d'Amiens. J'ai toujours aimé ce sport. Plutôt véloce, je suis placé à l'aile. Pendant des années, tous mes jeudis et pratiquement tous mes week-ends seront consacrés au hockey.

Assez peu pratiqué, il offre alors des opportunités en or à ceux qui s'y adonnent : dès l'âge de quinze ans, je suis sélectionné en équipe senior de l'Amiens Sporting Club, ce qui me permet bientôt de sillonner l'Europe pour disputer des tournois de prestige en Belgique, en Hollande, en Allemagne ou en Angleterre. À l'époque, mes copains de lycée me surnomment « John ». Est-ce un clin d'œil au chanteur et leader des Beatles ? Je ne le saurai jamais vraiment. Comme j'ai décroché mon permis de conduire, je peux supplier maman de nous prêter de temps en temps son Austin Mini. Et nous voilà partis avec mes amis du hockey dans une joyeuse ambiance, entassés à quatre ou cinq dans cette minuscule voiture, avec tout notre matériel. Si j'ai la chance d'être couronné trois fois champion de France durant ces années-là et de faire quelques jolies rencontres parmi les non moins jolies hockeyeuses étrangères, je découvre surtout l'esprit d'équipe en cultivant mon endurance autant que ma rapidité. Autant de qualités, dit-on, indispensables aux futures journalistes. *« Dans ce métier, il faut parfois savoir courir vite »*, nous répètera avec malice quelques années plus tard Maurice Deleforge, professeur emblématique durant des années à l'École supérieure de journalisme de Lille.

Ah ! le journalisme… Une passion qui s'impose à moi vers l'âge de treize ans. Pourtant, je ne baigne pas spécialement dans un milieu qui y est propice. À la maison, mes parents n'écoutent que peu la radio. Ils sont abonnés au *Courrier picard* et à *Paris Match*. C'est précisément dans ce magazine richement illustré, à la faveur d'un long reportage consacré à la mort du pape Jean XXIII en juin 1963, que j'ai une révélation. Au fil des pages dédiées au souverain pontife, émerge soudain une envie : celle de raconter ce qui se passe autour de moi, de rendre compte d'événements qui me sont étrangers mais qui pourtant me touchent profondément.

Rebelote avec l'assassinat de John Fitzgerald Kennedy en novembre suivant. Je me surprends à traquer tous les articles que je peux trouver sur le sujet et à fabriquer dans la foulée mon premier dossier de presse. Dans le même temps, mon ancien instituteur, monsieur Gély, a la riche idée d'encourager les jeunes du village à créer leur petite gazette locale. Je participe évidemment à l'aventure. Notre journal s'intitule *Equitum Villa*, du nom latin de Quevauvillers, qui signifie « la résidence des cavaliers ». Pour nos papiers, nous n'allons pas bien loin. Nous puisons l'inspiration autour de nous. Pourquoi les conseillers municipaux, dont ma mère, ont toujours une lumière allumée au-dessus de leur porte ? Pourquoi le village n'a pas de trottoirs ? Autant de questions sans doute dérisoires mais qui renvoient au fond à l'essence même du journalisme de proximité : savoir regarder simplement autour de soi et être utile à nos lecteurs.

Il va sans dire que pour mon stage en entreprise de fin de collège, je sollicite la rédaction du *Courrier picard* qui, par bonheur, retient ma candidature. Je suis fou de joie. À mes yeux, ce journal est le plus beau de la terre ! Et voilà comment j'entre pour la première fois dans le saint des saints dans une rue passante d'Amiens. Je découvre l'ambiance – studieuse et frénétique à la fois – et l'odeur du plomb si particulière d'un quotidien. À l'issue de cette courte expérience, je suis convaincu : je serai journaliste. Reste néanmoins une formalité, et non des moindres : réussir le concours de la prestigieuse École supérieure de journalisme de Lille. Renseignement pris, le bac n'est pas indispensable. Le « niveau bac » suffit.

Ouf, ça tombe bien : j'ai raté l'examen trois fois, dont la dernière en candidat libre à l'issue de mon année de service militaire, effectué comme secrétaire du colonel commandant la base aérienne d'Évreux. Je suis très fier d'avoir terminé caporal-chef ! Et voilà comment je me retrouve un jour à disserter dans un immense hangar transformé en salle d'examen. Nous sommes plusieurs centaines à plancher sur des petits bureaux d'écolier en bois. Résultats ? Miracle ! Je suis reçu du premier coup alors que tous les autres admis ont au moins un bac+2 en poche. L'ESJ me tend les bras. En cet été 1971, je réalise la première partie de mon rêve.

Un an plus tard, à l'issue de ma première année d'école, le *Courrier picard* m'offre cette fois un vrai stage. Mais le destin vient frapper à ma porte... dès mon deuxième jour sur place. Un certain Alain Chaillou, également diplômé de Lille et journaliste au bureau régional de l'ORTF (la télévision française de l'époque), me propose de venir visiter son studio : « *Tu verras, il y a une bonne ambiance...* »

Il a raison. L'atmosphère me plaît. Chaleureuse, décontractée, mais effervescente. Un homme affairé déboule dans la pièce :

Racines, vocation et premiers pas

– *Qui êtes-vous ?*
– *Bonjour, je m'appelle Jean-Pierre Pernaut.*
– *D'où venez-vous ?*
– *Du Courrier picard. Je suis en stage de l'ESJ.*
– *Vous êtes libre cet été ? Vous voulez faire de la radio ?*
– *Oui, je suis libre. Mais je n'ai jamais fait de radio…*
– *Pas grave, vous allez en faire !*

Cet homme s'appelle Jacky Davin. Rédacteur en chef, il a besoin de quelqu'un pour présenter les flashs du matin. Il m'assure également que je ferai des commentaires pour le journal télévisé régional. Évidemment, j'accepte. Me voilà embarqué dans une drôle d'aventure…

Je débute ainsi dans l'audiovisuel le 16 juin 1972, soit précisément le jour où se produit la plus terrible catastrophe ferroviaire que la France ait connue depuis quarante ans. Le drame est survenu dans le tunnel de Vierzy, non loin de Soissons, dans l'Aisne. La voûte de l'édifice s'est écroulée peu avant le passage de deux trains. Bilan terrible : 108 morts et 111 blessés. Dès le lendemain, mon premier commentaire au JT sera consacré à la chapelle ardente dressée dans la petite commune pour les victimes et leurs familles. Pour moi, c'est un peu le baptême du feu.

Manifestement Jacky Davin est satisfait de mes reportages durant l'été. Aussi me propose-t-il de poursuivre l'expérience pendant l'année scolaire : la semaine, je suis les cours de l'ESJ à Lille ; les week-ends et les vacances, je file à l'ORTF d'Amiens en tant que pigiste. Sur le terrain, les conditions de travail n'ont rien à voir avec celles que l'on connaît aujourd'hui : des équipes lourdes – quatre personnes dont un rédacteur, un ingénieur du son, un cameraman et un assistant – et un matériel qui l'est tout autant – de grosses caméras, des films en 16 mm, des caisses remplies de projecteurs. Tourner et diffuser un reportage d'une poignée de secondes prend des heures. Chaque sujet ressemble à une expédition. On est loin d'imaginer qu'un jour le numérique, les téléphones portables et la miniaturisation des caméras révolutionneront le métier. En attendant, j'apprends en me confrontant à l'actualité chaude. Je touche à tous les domaines : faits divers, politique, économie, société, environnement, sports, culture. À la demande de Davin, il m'arrive désormais de rester le lundi pour présenter le magazine sportif régional « Sports en Picardie » avec Henri Sannier, qui deviendra mon ami. Cette émission m'oblige à sécher le

Racines, vocation et premiers pas

cours de radio et de télévision que donne au même moment à l'ESJ un certain Jean-Claude Bourret, futur présentateur du JT de TF1. À l'été 1973, je change de statut. Je prends du galon. Je deviens « pigiste occasionnel permanent ». Non, vous ne rêvez pas : cette dénomination absconse, très bureaucratique, reflète tout à fait le climat qui régnait alors dans cette vieille ORTF qui n'allait pas tarder à être ripolinée. Outre « Sports en Picardie », on me confie bientôt la présentation du JT régional le samedi soir. À compter de septembre, j'enchaîne au même rythme pour ma troisième et dernière année d'école : amphi la semaine, télé le week-end. Le 3 mars 1974, tandis que je suis chargé de couvrir un rallye automobile dans l'Oise, je suis amené à assister à une autre horrible catastrophe, aérienne cette fois : le crash du DC-10 de la Turkish Airlines dans la forêt d'Ermenonville, à proximité de Senlis. Nous arrivons sur les lieux du drame presque en même temps que les premiers pompiers. Une horreur absolue. Des corps disloqués, des arbres pulvérisés, une zone dévastée sur un kilomètre ; 346 morts, aucun survivant. Ce sera le soir même mon premier reportage diffusé sur une chaîne nationale, la première, au 20 Heures. Vierzy, Ermenonville... Serais-je « monsieur Catastrophe » ?

Pour valider mon diplôme, il me faut accomplir un dernier stage, choisi cette fois par la direction des études de l'ESJ : ce sera France Inter. Donc Paris. L'indécrottable Picard que je suis ne se sent pas très à l'aise à l'idée de frayer dans la capitale, et encore moins dans la fameuse Maison de la Radio, ce temple rond de l'information où ceux qui s'affairent semblent se prendre tellement au sérieux. Intimidé, un peu en retrait, je suis malgré tout fier d'y être admis. Là encore, le hasard me réserve une belle surprise...

Mon « Jacky Davin » d'Amiens s'appelle cette fois Christian Bernadac. Le rédacteur en chef d'Inter 3, le journal national de la troisième chaîne dont les bureaux sont au même étage, déboule dans la salle de rédaction d'Inter :
« Parmi les stagiaires, y en a-t-il un qui a déjà fait de la télé ? »
Par réflexe, je lève la main et je réponds :
— *J'en fais depuis deux ans.*
— *Venez avec moi...*
Je me lève et le suis dans les méandres du bâtiment. Christian Bernadac a besoin de

quelqu'un pour présenter les flashs infos non pas du matin, mais de la journée. Serais-je l'homme qui tombe à pic ? Je quitte aussitôt France Inter pour rejoindre la troisième chaîne. Je vis un été formidable. En septembre, je retourne à Amiens où je retrouve mon poste de « pigiste occasionnel permanent ».

Quatre mois plus tard, coup de théâtre. Tandis que je profite de mes vacances de Noël pour skier à Tignes avec ma fiancée, Dominique, je reçois un coup de téléphone de ma mère un soir à l'hôtel :
– *Tu as reçu un recommandé !*
– *Ah… Tu peux me le lire ?*
– *Tu es licencié.*
– *Mais je ne peux pas l'être, puisque je n'ai pas de contrat de travail !*
– *Visiblement, tu l'es, d'après ce que je vois.*

J'ai peine à y croire et pourtant l'affaire semble officielle. Entre deux coups de fil à un avocat et à un copain, je ne tarde pas à savoir que mon cas est loin d'être isolé à l'ORTF : nous sommes des centaines à être congédiés du jour au lendemain, conséquence directe de la réforme impulsée par le nouveau président de la République, Valéry Giscard d'Estaing.

Me voilà donc victime collatérale de la modernisation que j'appelais pourtant de mes vœux. Un comble…

Retour à Quevauvillers. Retour chez mes parents. La déprime se profile. Heureusement, je n'ai pas le temps de gamberger. Le 5 janvier 1975, coup de fil dans la pharmacie de maman :
— *Bonjour, ici Patrick de Carolis. Je voudrais parler à Jean-Pierre Pernaut.*
— *Lui-même.*
— *Christian Bernadac a quelque chose à vous dire, je vous le passe.*
Court silence.
— *Bonjour, Jean-Pierre, que faites-vous en ce moment ?*
— *Rien, depuis quelques jours. Pourquoi ?*
— *Parfait ! Alors vous faites comme Carolis, vous prenez une chemise, une brosse à dents et demain, vous êtes à TF1 !*
Et voilà comment j'intègre la rédaction de la Une, le jour officiel de son lancement, le 6 janvier 1975 ; Christian Bernadac venait d'y être nommé rédacteur en chef des journaux. TF1, issue comme Antenne 2 et FR3 du démembrement de l'ORTF en sept entités.

Racines, vocation et premiers pas

Je débarque dans cette rue au nom mythique, Cognacq-Jay, le sourire aux lèvres, prêt à tout donner. Quarante-six ans après, certes nous avons déménagé à Boulogne-Billancourt, mais je suis toujours à TF1.

3

À VOUS COGNACQ-JAY !

TF1, janvier 1975. Il règne une douce euphorie. On dirait presque un nouveau monde. Les grands anciens de la première chaîne – Georges De Caunes ou Léon Zitrone – côtoient des petits jeunes, assez inexpérimentés, comme moi. Le nouveau rédacteur en chef, Christian Bernadac, avec Henri Marque, le patron de l'info, installent d'emblée trois nouveaux présentateurs aux JT, dont les deux premiers viennent de la radio : Yves Mourousi au 13 Heures, Roger Gicquel au 20 Heures et, le week-end, Jean-Claude Bourret, celui qui fut mon professeur de radio et télévision à l'ESJ, et dont j'ai consciencieusement séché les cours à Lille. Je suis affecté au service des informations générales (les « infos géné » dans le jargon). Je tourne des reportages, principalement en région parisienne, destinés à alimenter le 13 Heures et le 20 Heures.

Au bout de quelques mois, changement de fonction. Adieu les « infos géné ». Bernadac m'affecte auprès de Julien Besançon, le présentateur du 23 Heures, que je ne tarde pas à remplacer lorsque cette ancienne grande voix d'Europe 1 quitte subitement la chaîne. Me voilà ainsi une nouvelle fois propulsé à la présentation. À vingt-cinq ans, je deviens aussi le plus jeune rédacteur en chef de France. C'est-à-dire que je suis responsable du contenu. Je suis tout à la fois fou de joie et terrifié de n'être pas à la hauteur de la confiance qui m'est accordée. D'autant que mon statut au sein de la maison demeure précaire : je n'ai même pas encore de véritable contrat.

Deux mois après, dans l'optique de régler ce problème administratif, j'ai pris rendez-vous avec le chef du personnel, le DRH de l'époque.

– Bonjour, vous êtes ?
– Jean-Pierre Pernaut.
– Et vous faites quoi, dans la maison ?

Je reste abasourdi. Il ignore ce que je fais ? Il ne regarde donc même pas la chaîne qui l'emploie ? Je poursuis, quoiqu'un peu déstabilisé :

À vous Cognacq-Jay !

— Je suis présentateur du 23 Heures.
— Ah bon ! Et qu'est-ce qui vous amène ?
— Eh bien, je n'ai ni le statut de rédacteur en chef, ni le salaire adéquat, alors que, à mon poste...

L'homme assis derrière son bureau, encombré de dossiers, me coupe aussitôt la parole :

— Oh, mais ce n'est pas grave du tout, ça... Estimez-vous déjà heureux de travailler à la télévision. Pensez à tous les gens qui aimeraient être à votre place.

L'entretien est lunaire. Je suis estomaqué par une telle désinvolture. Dépité après cette entrevue, je décide d'enclencher mon plan B : à défaut d'être « remarqué » par le chef du personnel, je vais tout faire pour l'être à l'antenne. Et cela finira bien par se savoir.

Pendant trois ans, je me donne à fond : midi/minuit, du lundi au vendredi dans mon bureau du cinquième étage. Pas de sorties le soir. Pas de folies durant le week-end. Le journal de la nuit demeure un programme atypique, sans beaucoup de moyens. Regardé principalement par des décideurs qui rentrent tard chez eux (politiques, chefs d'entreprises, professions libérales, cadres supérieurs...), le 23 Heures donne la part belle à l'économie et à la politique.

Lors du JT de la nuit, le présentateur est seul. Dans les autres éditions, le 13 Heures et le 20 Heures, Mourousi et Gicquel sont épaulés par d'autres journalistes. À 13 heures, Michel Denisot et Claude Pierrard sont chargés en alternance de la partie « actualité » du journal. À 20 heures, Roger Gicquel peut compter sur Jean-Claude Narcy pour une série d'infos en bref. Pour le week-end, Jean-Claude Bourret, lui, n'a pas encore son acolyte et me demande de le rejoindre. Bernadac accepte... à condition que je continue aussi le 23 Heures ! De fait, je travaille désormais non-stop, sept jours sur sept. Je cherche, sélectionne, puis rédige trois minutes d'informations brutes – des brèves – pour le 20 Heures du samedi et du dimanche, en plus de mon travail habituel au JT de la nuit. Je suis un peu dans la lessiveuse, mais je l'ai accepté.

À la fin 1978, le duo formé par Michel Denisot et Claude Pierrard quitte l'équipe d'Yves Mourousi. La place est à prendre. Le patron me la confie avec la bénédiction de la star du 13 Heures.

Changement de style, changement de rythme. Le couche-tard que j'étais depuis trois ans se lève dorénavant à l'aube. Je m'installe au cœur de l'espace du 13 Heures, une sorte de village de Gaulois, déjà un peu isolé du reste de la rédaction. À vingt-huit ans, je rejoins un « monstre sacré » de l'audiovisuel qui a sorti le 13 Heures de sa léthargie et en a fait un rendez-vous médiatique majeur.

Depuis son arrivée il y a trois ans, Mourousi a tout changé : il a dynamité le JT, l'a rendu plus moderne, moins compassé. Son célèbre et tonitruant *« Bonjour !* » asséné de sa voix éraillée en ouverture, son culot, son assurance inouïe, son sens de la formule, tout cela a d'emblée fait mouche auprès des téléspectateurs qui l'adorent. Il a prouvé qu'un journal de qualité peut être aussi un spectacle. Il n'est plus l'homme-tronc immobile, les yeux rivés sur son prompteur, qui débite d'une voix morne un tunnel de brèves. Il se lève, bouge, improvise, occupe pleinement l'espace de son plateau. Il a inventé les grandes interviews de personnalités à la mi-journée. Il s'est surtout efforcé d'aérer le journal en sortant du studio. C'est un homme de « coups » journalistiques. Quelques mois après avoir intégré son équipe, je suis le témoin de son morceau de bravoure : un direct de la place Tian'anmen à Pékin, à une époque où le pays sortait à peine de l'ère Mao et demeurait encore largement fermé au monde extérieur. Une vraie prouesse dans le métier.

À la faveur d'un voyage présidentiel de Valéry Giscard d'Estaing en Chine, toute sa petite équipe s'était mobilisée pour monter cette édition spéciale du 3 octobre 1979. Il avait simplement eu cette fulgurance : *« Giscard va à Pékin. Nous aussi ! Au boulot !* » L'expérimenté Claude Lagaillarde, rédacteur en chef du 13 Heures, avait failli tomber de sa chaise. Éberlué mais secrètement ravi, il s'était démené avec Jacky Duthier, le responsable technique de l'information, pour donner corps à la directive du patron.

Naturellement, Pékin ne sera pas la seule opération de prestige. Mourousi donne du *« Bonjour !* » en direct à Moscou, à Washington, dans un sous-marin en plongée, sur un porte-avions, dans un bloc opératoire, dans une centrale nucléaire… Rien n'est trop insolite, ni trop audacieux pour son équipe du 13 Heures. Et l'audience suit, confortant la « révolution » initiée par son présentateur vedette.

Yves a le don de savoir fédérer autour de lui. Avant les téléspectateurs, il embarque chaque jour son équipe dans son sillage. Au sein de la

À vous Cognacq-Jay !

rédaction de TF1, nous formons comme un monde à part, presque un État dans l'État. Personne dans la chaîne n'ose contester les décisions du tandem Mourousi-Lagaillarde. Jamais, sans doute, un présentateur n'a joui d'une telle marge de manœuvre. Je suis aux premières loges pour apprécier son talent et saluer ses initiatives. L'homme a du flair. Ne passe jamais à côté de l'information malgré son flegme apparent. Je suis décidément à bonne école.

Et pourtant, nos tempéraments, nos styles de vie respectifs sont à l'opposé : Yves est Parisien, mondain, noceur. Il raffole des dîners en ville, des raouts et des fêtes improvisées, quand je ne jure que par Amiens et mes soirées « cheminée » avec ma femme. Ce noctambule fréquente le Tout-Paris qui « fait l'actu », les vedettes qui font le show ; père tranquille, je préfère ma bande d'amis fidèles et les « vrais gens » de mon village picard. Il a ses réseaux, ses contacts, ses entrées ; je n'ai rien de tout ça. Je le regarde à l'œuvre et j'admire. Mais je sens aussi confusément qu'il faudra tôt ou tard que le journal télévisé reflète davantage la vie réelle des Français, qu'il devra s'ouvrir aux régions.

33 ans avec vous !

Juillet 1980 : on me confie l'intérim durant les vacances de Mourousi. À tout juste trente ans, je me retrouve parachuté aux manettes du 13 Heures. Au même moment, un certain Dominique Baudis, trente-trois ans, futur maire de Toulouse et président du CSA, remplace temporairement Roger Gicquel au 20 Heures. À la fin du mois, un grand hebdomadaire de télé, soulignant nos prestations respectives, demande ouvertement à ses lecteurs *« si les JT ne sont pas au moins aussi bons avec les remplaçants qu'avec les titulaires »*. L'article m'amuse. Je veux faire une blague à Mourousi. Je m'empresse de découper le papier et de le lui envoyer par courrier, assorti de ces quelques mots : *« Dépêche-toi de revenir ! »*

En août, à mon tour de partir en congés. Je file en Corse, le cœur léger. Bronzé, détendu, je reviens, gonflé à bloc, le premier lundi de septembre. Je suis cueilli à froid à 7 h 30 du matin par la secrétaire du directeur de l'information, Henri Marque : *« Henri veut te voir tout de suite. Vas-y. Il est déjà arrivé… »*

Je ne sais à quoi m'attendre. *« Euh, Jean-Pierre… Il faut que je te dise… Voilà, Mourousi veut changer sa formule. Désormais, il présentera seul son journal. »* Estomaqué, je ne parviens pas à articuler le moindre mot. *« Donc, tu arrêtes la présentation, mais

À vous Cognacq-Jay !

tu choisis dans quel service de reportages tu veux que je t'affecte. Et tu seras "grand reporter"… »

Brutal. Inattendu. Autour de moi, les comportements changent à la vitesse de l'éclair : ceux qui, hier encore, me flattaient ou me sollicitaient pour faire passer tel ou tel reportage font mine de m'ignorer dans les couloirs. Mon « amitié » n'est plus si recherchée. Belle leçon de vie. Quarante ans après, elle me sert encore… Pendant ce temps, Mourousi essaie de piloter intégralement son JT. Il veut reprendre la main en se donnant une image « plus sérieuse ». Mais cette tentative ne dure que quelques mois. Difficile pour le noctambule qu'il est de se passer de quelqu'un qui prépare le travail très tôt le matin. C'est alors qu'on appelle Marie-Laure Augry, pour présenter à ses côtés la partie info du journal. Leur tandem durera huit ans sans aucune fausse note.

Après cinq années de présentation, saurai-je encore enquêter sur le terrain ? Ne suis-je pas déjà déconnecté des réalités du métier ? Je choisis le service économique, dirigé par Emmanuel de La Taille, qui a été le premier « vulgarisateur » en la matière à la télé. Il sera remplacé peu après mon arrivée par Philippe Vasseur. Il me confie la rubrique « Industrie », avec son lot de grands reportages à l'étranger. Au menu ? Le Brésil, où je tourne des images de la plus grande centrale hydroélectrique du monde sur le fleuve Paraná. Puis le Canada, pour couvrir un sommet des pays industrialisés à Montebello au Québec. Ensuite l'Inde, où une multinationale française s'apprête à construire une gigantesque usine d'aluminium, mais aussi le Japon avec un éclairage sur la robotisation avancée du constructeur Nissan, et ainsi de suite. Je voyage énormément, peut-être trop, délaissant sans doute les miens.

En 1980, avec ma femme et mes enfants, nous sommes revenus à Amiens, auprès des nôtres. Une manière de nous ressourcer pour compenser toutes mes absences. C'est dans cette ville que sont nés, comme moi, mes deux premiers enfants, Julia et Olivier.

Printemps 1981. Valéry Giscard d'Estaing est donné perdant. Personne au service politique de TF1 ne table sur sa réélection. Personne non plus ne se bouscule pour suivre sa campagne. La mission revient donc au service économique. Et je suis l'un des rares à me porter volontaire : j'aime l'actualité politique. Giscard a fait souffler un sacré vent de modernité sur notre pays.

À vous Cognacq-Jay !

Je découvre le splendide isolement dans lequel son entourage l'a plongé depuis quelques mois, digne de la cour de Versailles. On lui masque la vérité et le coupe des réalités, lui cachant les sondages, de peur de déplaire à ce « monarque » républicain dont l'opinion publique s'est peu à peu détournée.

Me voilà parti pour suivre cette campagne, avec mon cameraman Jean-Claude Odin, sur les traces du président-candidat, pour un périple de plusieurs semaines. C'est pratique : Jean-Claude est immense, bel Antillais athlétique. N'a-t-il pas gravi l'Everest il y a quelques années avec Christian Brincourt pour planter le drapeau de TF1 au sommet du monde ? On le repère de loin. Si bien que VGE sait toujours où se trouve la caméra de TF1 !

10 mai, 18 heures, à Chamalières, dans le Puy-de-Dôme, sur les terres électorales de Giscard. Le soir du second tour, tous les journalistes attendent fébrilement le verdict des instituts de sondage. L'info tombe comme un couperet : un premier sondage donne Mitterrand vainqueur. Brouhaha, cohue dans la salle de la petite mairie. Le service de presse présidentiel est débordé. Chaque reporter exige de rentrer au plus vite à Paris, pour rejoindre

la rue de Solférino, siège du Parti socialiste, où la fête battra son plein dans quelques heures.

À 19 h 30, nous ne sommes plus que quatre sur place dans la petite mairie chauffée par un poêle à bois... Ambiance morose, sinistre même. À 19 h 58, Patrice Duhamel, l'animateur de la soirée sur TF1, me passe l'antenne. Il pleut. Je suis absolument seul sur les marches de la mairie et sous mon parapluie :

– *Jean-Pierre Pernaut, en direct de Chamalières. Alors Jean-Pierre, quelle est l'ambiance en attendant les résultats ?*

– *Eh bien, Patrice, on ne peut pas dire qu'il y ait vraiment de l'ambiance...*

– *Merci, Jean-Pierre,* reprend à la hâte Patrice. *Nous reviendrons vers vous plus tard...*

On n'est jamais revenu vers moi. Quand la tête de François Mitterrand s'est affichée sur tous les postes de télévision, chacun a compris que l'actualité était désormais ailleurs. Serait-ce le prélude de ce qui va me tomber dessus dans les semaines et les mois à venir ?

À TF1, comme ailleurs dans d'autres rédactions, le climat change en effet du tout au tout. Si certains confrères se réjouissent ouvertement de cette alternance politique, ce n'est pas mon cas. La droite ou la gauche, je m'en moque. J'estime que je ne suis pas là pour militer ou exprimer des opinions, mais pour informer et commenter. En tout cas, le prétendu *« vent de liberté »* dont certains ont pu parler dans la foulée de la victoire de François Mitterrand n'a nullement soufflé rue Cognacq-Jay. L'heure est plutôt à l'ostracisme et à la délation. Je vois certains collègues exhiber fièrement l'ancienne carte de la SFIO (l'ancêtre du PS) de leur père ou de leur grand-père, j'en vois d'autres retourner leur veste comme si de rien n'était. Ça jase, ça bruisse dans les couloirs. On peut entendre ici ou là : « La télé de droite, c'est fini. Il faut virer les directeurs. Vive la télé de gauche ! »

En un peu moins d'un an, tous les chefs de service et responsables de rubrique, à l'exception de celui affecté aux affaires religieuses, sont écartés. Tous ! Jamais je n'aurais cru possible une telle chasse aux sorcières. Le nouveau chef du service économique, ancien « conseiller » du Parti socialiste, tout droit arrivé de la presse écrite, ne déroge pas à la règle : tous les rubricards « éco » sont affectés ailleurs. J'en fais partie. Mais finalement pas mécontent. Ce nouveau chef n'interdisait-il pas de prononcer le mot « dévaluation » dans nos commentaires ?

L'expression « réajustement monétaire » devenait la règle. Déjà, à cette époque, je détestais les directives venues d'ailleurs. Je me retrouve donc aux infos géné, chef adjoint de service. J'adore le chef, Jean-Pierre About, un grand pro, aussi drôle que talentueux.

Je retrouve quand même l'antenne durant les étés 1982 et 1983, pour une page spéciale intitulée « Journal des vacances » dans les JT des week-ends. À peu près au même moment, j'hérite de la rédaction en chef d'une nouvelle émission présentée par Annick Beauchamps, « Le rendez-vous d'Annick », diffusée tous les jours à midi, juste avant le journal. Très pratico-pratique, celle-ci prodigue quantité de bons plans aux téléspectateurs, de l'entretien des chaudières au nettoyage des jardins. J'apprends ainsi à animer une petite équipe et à être responsable d'un programme. Toutes choses qui me seront bien utiles plus tard. J'y rencontre Michelle Brami, l'épouse de Jean-Pierre Chapel, qui deviendra mon assistante au 13 Heures quelques années plus tard.

Quand l'émission s'interrompt brusquement, je sais qu'il va me falloir de nouveau rebondir. Je file aussitôt voir Alain Denvers, le directeur de l'information :

À vous Cognacq-Jay !

– *Où m'affectes-tu cette fois ?*
– *Écoute... Prends donc un mois de vacances.*
Je pars. Je reviens. Même bureau, même homme :
– *Où m'affectes-tu alors ?*
– *Eh bien*, me dit-il d'un air gêné, *prends donc un autre mois de vacances...*

Cette fois, j'ai l'impression d'être sur un siège éjectable. J'ai le sentiment qu'on me pousse gentiment vers la sortie. Pourtant, à mon retour de ces très longues vacances, surprise : on me propose de retrouver Jean-Claude Bourret pour une nouvelle émission en direct les samedis et dimanches matin de 7 heures à 9 heures, intitulée « Bonjour la France », et on me confie – tiens, tiens... – la rubrique consacrée au tourisme et aux régions. L'aventure me permet de sillonner les départements et territoires d'outre-mer, dont les îles de la Polynésie (Tahiti, Bora-Bora), mais aussi les Antilles, La Réunion, la Guyane, autant de merveilles que j'aime faire découvrir aux téléspectateurs dans ce qui est la première télé du matin.

Pendant ce temps, le PAF (paysage audiovisuel français) entre en ébullition. Canal+ est lancée fin 1984, La Cinq voit le jour début 1986, et TF1 s'apprête à être privatisée. Stupeur à

33 ans avec vous !

Cognacq-Jay : beaucoup s'attendaient à ce qu'Antenne 2 soit choisie et non la Une, la chaîne dominante. La presse « bien-pensante » (déjà !) s'étouffe : « C'est scandaleux ! C'est comme si on privatisait la tour Eiffel... »

Moi, je suis plutôt content. En matière d'information comme de programmes, les années qui vont suivre et la sortie d'un lourd carcan étatique me donneront raison.

Juste avant que TF1 ne connaisse l'identité de son futur propriétaire, Alain Denvers décide de me confier à nouveau la présentation de ce cher 23 Heures, en alternance avec le Corse Joseph Poli. Je retrouve mes habitudes nocturnes du début : même ambiance studieuse, mêmes couloirs déserts, même système D pour bâtir chaque soir un journal de qualité avec des moyens limités. Pour être présent à Cognacq-Jay une semaine sur deux, je loue une petite chambre à Paris à deux pas du studio.

Le 16 avril 1987, le groupe Bouygues est choisi. Le géant du BTP rachète officiellement TF1 et place à la tête de la chaîne Patrick Le Lay, un ingénieur des travaux publics, responsable de la diversification du groupe. L'homme n'est ni du sérail, ni un ami d'ami, ni même un apparatchik parachuté. Il est tout simplement

À vous Cognacq-Jay !

un vrai chef d'entreprise qui saura faire tourner une « maison » et qui aura à cœur de s'entourer des meilleurs. La preuve ? Son numéro deux n'est autre qu'Étienne Mougeotte, un immense pro de la télé.

En quelques mois, nos JT, en perte de vitesse, redeviennent des piliers de l'audience. TF1 invente quantité de programmes modernes avec des responsables géniaux comme Dominique Cantien ou Pascale Breugnot. Parmi ces nouvelles émissions, quelques années plus tard, j'aurai la chance de créer « Combien ça coûte », produit par Christophe Dechavanne, que je présenterai pendant presque vingt ans en attirant jusqu'à douze millions de téléspectateurs.

En attendant, durant l'été 1987, changement oblige, me revoilà au 13 Heures : je remplace Mourousi pour les vacances. Cette fois, j'éviterai de lui adresser une carte postale.

De cette période, je me souviens avec bonheur d'un formidable direct à Brignoles dans le Var, consacré à la force de frappe de la sécurité civile française : des avions flambant neufs, des camions de pompiers par dizaines, près de 900 hommes déployés. Un dispositif impressionnant filmé sous tous les angles par les caméras de Marcel Fagès. Autre souvenir, je reçois en plateau une toute jeune chanteuse quasi inconnue mais qui vient de faire un carton avec son tube *Jo le Taxi* : Vanessa Paradis. C'est sa première télé. Et ce jour-là, nous battons des records d'audience. Quand s'achève cette parenthèse, je retrouve mon horaire tardif du 23 Heures.

Tout s'accélère pour moi au début de l'année suivante.

11 février 1988. Déjeuner familial en Picardie pour les dix ans de ma fille Julia. Ambiance conviviale, festive. Le téléphone sonne : *« Bonjour ! Ici, Patrick Le Lay. Je viens de recevoir Yves Mourousi. Je vous propose de le remplacer à partir de la semaine prochaine... »*

Je suis abasourdi. Je bredouille :

— *Mais... vous avez demandé à Mourousi ?*

— *Non, Jean-Pierre,* répond-il avec une pointe d'amusement dans la voix, *je ne lui ai pas demandé, je lui ai dit !*

« Vous avez demandé à Mourousi ? » Non mais qu'est-ce qui me prend ? Suis-je fou ? Le patron n'a pas à demander la permission... C'est qu'à mes yeux, Mourousi est une institution, un monument. Une statue indéboulonnable. Ne présente-t-il pas le JT depuis treize ans sans discontinuer ? On n'a jamais vu ça.

À vous Cognacq-Jay !

Je m'entends répondre « *oui* » dans un état second. Rendez-vous est pris avec Patrick Le Lay pour le lundi suivant. D'ici là, dès le lendemain, j'appelle Mourousi, qui a aussitôt la gentillesse de dissiper ma gêne évidente : *« C'est normal, Jean-Pierre, tu ne pouvais pas refuser ! C'est formidable pour toi… »*

Je l'imagine encore aisément sous le choc… et il a l'élégance de me souhaiter bonne chance. Chapeau bas !

En fait, l'audience du 13 Heures a dégringolé depuis des mois, m'expliquent Patrick Le Lay et son bras droit Étienne Mougeotte, responsable de l'antenne. Le tandem Mourousi-Augry, que l'on trouvait si moderne à ses débuts, ronronne peut-être un peu. La formule est usée, vieillie, fatiguée : les grands directs à l'autre bout du monde se sont banalisés, avec les progrès technologiques et les satellites qui permettent d'être en direct partout. Les invités habituels ont perdu de leur fraîcheur et de leur spontanéité. Yves, lui-même, semble émoussé. Son ironie mordante vire souvent à l'agressivité lourde à l'égard des nouveaux patrons. Or, au même moment, Antenne 2 s'est relancée avec un autre « couple », William Leymergie et Patricia Charnelet, dont les audiences dépassent largement celles de TF1. La direction décide donc de tout changer. L'idée ? Faire appel au petit jeune qui présente le 23 Heures, qui a bien réussi son été au 13 Heures… et qui s'intéresse vraiment aux régions. Il n'arrête pas de le répéter dans les couloirs. Et c'est justement ce que les téléspectateurs reprochent à Mourousi selon une étude commandée par TF1 : ce dernier est trop « parisien ». Les patrons m'expliquent tout cela lors de cette fameuse réunion : il faut faire un journal plus proche des gens qui le regardent. Avant de sortir du bureau, Mougeotte me lance : *« Si tu réussis, tu seras peut-être encore là dans vingt-cinq ans ! »*

Éclat de rire général, car les treize ans de Mourousi paraissaient déjà incroyables. En fait, notre cher vice-président, qui voulait seulement détendre l'atmosphère, était peut-être un visionnaire. Offrir un journal télévisé proche des gens qui le regardent ? Une idée simple mais lumineuse.

4

LES RÉVOLUTIONS DU 13 HEURES

A priori, rien ne ressemble plus à un journal télévisé qu'un autre journal télévisé. J'ai pourtant la faiblesse de croire que « mon » 13 Heures n'est pas un JT comme les autres. Certes, il dure une quarantaine de minutes, comme d'autres, mais il est devenu un rendez-vous incontournable de la mi-journée pour des millions de Français, et pour beaucoup, il demeure un Ovni dans le paysage audiovisuel.

Ce n'était pourtant pas du tout gagné d'avance, quand Patrick Le Lay et Étienne Mougeotte m'en ont confié la responsabilité en février 1988 avec cette feuille de route : « *Jean-Pierre, si tu veux rester longtemps au JT, fais tout simplement un journal qui s'adresse aux téléspectateurs qui regardent la télé à cette heure-là.* »

Je n'en croyais pas mes oreilles ! Moi qui râlais depuis des années dans les couloirs de Cognacq-Jay parce que les journaux étaient trop parisiens ! Enfin, on allait bâtir un JT *« pour les gens qui le regardent »*. Cette directive d'une logique implacable a marqué une première révolution, un véritable tournant : un journal pour les gens et non pour le microcosme. Croyez-moi, c'était nouveau, facile à dire, pas du tout facile à mettre en place à cette époque, surtout quand on succède à un monument de l'audiovisuel nommé Yves Mourousi.

Avec l'aide et l'appui de Jean-Claude Paris, directeur adjoint de Michèle Cotta, la patronne de l'info, nous avons travaillé des heures et des heures, des nuits presque entières, pour trouver la manière de concocter un journal « différent ». Et nous étions d'accord sur un point : ce n'était pas sur le présentateur qu'il fallait se concentrer, mais bien sur le contenu.

Certes, la direction de TF1 avait décidé d'un premier changement historique, autant dire une première révolution : faire du présentateur le responsable de son édition. C'est du reste l'une des conditions qu'avait posées Patrick Poivre d'Arvor en arrivant de France 2 pour prendre les rênes du 20 Heures quelques mois plus tôt.

Les révolutions du 13 Heures

À 13 heures et le week-end, on allait faire la même chose : les présentateurs deviendraient les vrais responsables de leurs journaux. Jusqu'ici, dans l'audiovisuel, seule l'icône Mourousi avait eu le pouvoir d'imposer sa patte dans « son » édition de 13 Heures.

Ce qui était une exception devient donc la règle. Les présentateurs s'apprêtent à devenir « directeurs adjoints », autrement dit les patrons de leur édition sous la responsabilité directe du directeur de l'information. Le « *Jean-Pierre qui ?* », dont *Le Figaro* a salué l'arrivée dans le siège de l'indéboulonnable Mourousi, va pouvoir bouleverser le contenu du JT. Il fallait trouver le moyen de faire remonter les audiences au-dessus de celles du duo Leymergie-Charnelet d'Antenne 2, les premiers d'une longue liste de dix-sept présentateurs qui allaient se succéder face à moi pendant trente-trois ans.

Premier changement acté par Jean-Claude et moi : accorder la priorité à l'image et au reportage. « *La télé, c'est l'image* », martèle sans cesse Jean-Claude.

Pendant treize ans, Mourousi a privilégié les grands directs et les invités sur son plateau, réduisant l'image à la portion congrue. On va opter pour l'inverse, mais encore faut-il des moyens pour réaliser ces reportages jusqu'alors réservés en priorité à la grand-messe du 20 Heures. Pas facile de changer les habitudes de la rédaction de TF1, pas facile non plus de trouver des équipes de reportage disponibles tôt le matin. Il nous vient donc l'idée de développer un réseau de correspondants en régions. TF1 travaille déjà en collaboration avec deux ou trois journalistes régionaux, essentiellement pour suivre les hommes politiques « nationaux » quand ils retournent chez eux, à Marseille ou à Toulouse. Mais c'est l'idée d'en faire un vrai réseau qui nous vient à l'esprit, et pas uniquement pour suivre les hommes politiques. Les grandes radios généralistes ont toujours eu des correspondants et leurs voix sur RTL ou d'Europe 1 ont bercé mon enfance et mon adolescence. Jamais les télés nationales n'ont pensé à les imiter. Pour nous, cela devient une évidence : Qui regarde la télé à 13 heures ? Les gens qui rentrent déjeuner chez eux, pardi ! Donc pas dans les grandes villes mais surtout à la campagne, bien sûr.

Commencent alors de longues discussions pour trouver les moyens de réaliser notre souhait. Ce sera fait quelques mois plus tard grâce à la clairvoyance du patron de *La Voix du Nord*,

Jean-Louis Prévost, et de son homologue à *Ouest-France*, Antoine de Tarlé, lui-même ancien de la direction de TF1, époque service public. Accord conclu, avec la bénédiction de Michèle Cotta, qui n'a pourtant jamais caché son hostilité au départ de Mourousi. C'est en partenariat avec la presse quotidienne régionale (PQR) que nous allons créer cette nouvelle structure totalement inédite. À notre volonté de raconter l'actualité grâce à des reportages, avec des images et des témoignages, s'ajoute ainsi leur dimension régionale qui demeure ma priorité. Les deux premiers R, Reportages et Régions, de ma nouvelle devise prennent forme. J'y ajoute les mots Rigueur – dans le suivi de l'actu comme dans le respect de notre ligne éditoriale – et Rapidité – on n'attend pas le 20 Heures pour diffuser les images. Ainsi naissent les « 4 R de JPP » qui, trente-trois ans après, restent ma règle de conduite.

Bien sûr, le présentateur a son importance. Mais peu importe qu'il soit connu ou pas, peu importe qu'il surveille comme le lait sur le feu sa coiffure, son maquillage ou la coupe de ses costumes. Ce que les téléspectateurs recherchent, c'est un contenu qui corresponde à ce qu'ils peuvent attendre d'un journal télévisé. Faire un journal pour les gens… Quelle incongruité à l'époque ! Pour ma part, j'incarne à ce moment-là « le jeune-mec-sympa-qui-ne-se-prend-pas-la-tête ». Un mec normal, en somme (d'autres dans d'autres domaines rechercheront la même image quelques années plus tard…), qui aime les gens, est proche d'eux dans la manière de parler, les écoute et s'efforce de les comprendre sans les juger ni les sermonner.

Au fond, c'est peut-être l'un des secrets de ma longévité : je m'intéresse vraiment à la vie des Français parce que je la partage. Je fuis les mondanités, les connivences factices. Je fais mes courses chez les petits commerçants ou au marché le dimanche, je m'occupe de mon jardin, j'écoute les conseils du voisin sur la taille des arbres et, comme tout le monde, je sors les poubelles et réponds à mon courrier. Je ne suis ni une star ni une vedette. Juste un ami, presque un membre de la famille, que l'on a plaisir à retrouver tous les jours à l'heure du déjeuner depuis des années. Un ami qu'on invite au repas de midi et avec qui on aime partager quelques bonnes choses de la vie. Souvent, je reçois des pots de confiture, des bouteilles – des saucissons même, pour me « *réconforter avant le journal* », comme me l'a récemment écrit un charcutier auvergnat –, et quantité de lettres d'encouragement. Autant de marques d'estime et d'amitié qui me touchent. On ne se lasse jamais de ces attentions bienveillantes.

L'important, donc, c'est le contenu. Sinon, je ne pense pas que ma seule petite personne aurait pu drainer autant de monde vers le 13 Heures depuis si longtemps : aujourd'hui, entre cinq et six millions tous les jours ; jusqu'à sept ou huit millions avant la multiplication des chaînes sur la TNT, et des records à dix voire douze millions pour des événements exceptionnels tels que la victoire des Bleus en Coupe du monde en 1998 ou la mort d'Ayrton Senna quatre ans plus tôt. Autant d'audiences formidables depuis trois décennies, tout en étant aujourd'hui encore le recordman d'Europe des éditions de la mi-journée et l'un des premiers du monde toutes éditions confondues.

Quand je remplace Yves Mourousi, rien ne bouge dans les courbes d'audiences. L'inconnu réalise les mêmes que la star, même si tous les spécialistes s'accordent à prédire qu'elles vont dégringoler. Au fil des semaines pourtant, grâce aux petits changements qui commencent à se faire sentir dans notre JT, des signes encourageants apparaissent... et le 13 juillet 1988, six mois après mon arrivée, nous repassons enfin devant les audiences d'Antenne 2. En trente-trois ans, nous ne sommes jamais retombés derrière. Sauf une fois, en novembre 1988. J'avais organisé un long duplex avec François Mitterrand depuis le porte-hélicoptères La Jeanne d'Arc pour parler de la politique de Défense. Ce n'était pas le président de la République qui avait fait fuir les téléspectateurs ce jour-là, mais tout simplement le thème qui ne correspondait pas du tout à leurs attentes.

Je n'ai jamais recommencé depuis. Je me suis toujours efforcé d'être au plus près des vraies préoccupations des Français qui nous regardent. Pour cela, il fallait une autre révolution : s'éloigner de l'actualité « institutionnelle » dans le contenu du JT. Dès mon arrivée, notre première décision avec Jean-Claude Paris a été de supprimer le sacro-saint direct dans la cour de l'Élysée le mercredi, le plus souvent en ouverture de journal depuis des décennies, à la sortie du Conseil des ministres. Là encore, facile à dire, mais pas facile à faire admettre aux journalistes du service politique de TF1. C'est comme si je prônais la Révolution flanqué d'une équipe de sans-culottes ! « *Mais tu n'y penses pas Jean-Pierre ! C'est impossible de supprimer ce direct !* »

Et pourquoi donc ? Qu'y annonce-t-on chaque semaine de si important ? Des mouvements préfectoraux, de temps en temps un projet de loi… Rarement des choses essentielles de la vie quotidienne. Pour les journalistes du service politique, c'est autre chose : c'est leur rendez-vous habituel à l'antenne du 13 Heures. Terminé. Ils m'en voudront tellement qu'ils refuseront tout contact direct avec moi durant la campagne pour l'élection présidentielle de 1988, qui suit de peu mon arrivée au journal de la mi-journée. Nous ne nous parlerons que par petits papiers interposés que leur chef déposera tard le soir sur mon bureau. Et je ferai la même chose le lendemain avant de partir. J'avais déjà supprimé les invités systématiques au 13 Heures. La suppression de leur « conseil du mercredi » passe très mal. Ce qui ne m'empêchera pas de couvrir correctement cette fameuse campagne en réfléchissant avec mon équipe aux sujets utiles ou pas.

Ce que nous voulons surtout avec l'abandon de ce fameux direct au Conseil des ministres, c'est faire admettre à tous qu'un journal télévisé n'est pas un relais du pouvoir, quel qu'il soit.

Nous travaillons en toute indépendance, nous accordant le droit de réfléchir, de dire oui ou non à telle ou telle proposition de sujet, ou même d'invité politique. Les accueillir sur le plateau n'est plus la priorité du journal, mais la possibilité demeure quand les thèmes abordés correspondent à notre ligne éditoriale, autrement dit à l'intérêt des téléspectateurs. Ainsi, il m'est arrivé de recevoir sur mon plateau, et à ma demande, le Premier ministre Michel Rocard pour évoquer son passionnant « Livre blanc sur les retraites », ou quelques années plus tard son lointain successeur Jean-Pierre Raffarin pour expliquer sa loi de décentralisation et, plus tard encore, un autre chef du gouvernement, Édouard Philippe, pour parler de l'épidémie de Covid-19 à la veille du premier confinement, ou enfin le ministre de l'Éducation nationale, Jean-Michel Blanquer, pour ses projets concernant l'école rurale.

Cette indépendance nous a été garantie par Francis Bouygues lui-même, quand il a pris le contrôle de TF1 en 1987 : « *Il n'y a pas de grande chaîne généraliste au monde qui n'ait une information puissante. Pour que cette information soit puissante, il faut qu'elle soit crédible. Pour qu'elle soit crédible, il faut qu'elle soit indépendante.* »

Les révolutions du 13 Heures

Une règle appliquée à la lettre et avec bonheur à TF1 depuis la privatisation, expliquant sans doute les audiences extraordinaires que nous avons recueillies depuis.

Pas ou peu d'invités implique de diffuser davantage de reportages. J'ai évoqué la création de notre réseau de correspondants en régions. Cela passe aussi par une remobilisation des équipes de TF1 le matin pour couvrir l'actualité. On affecte d'abord quelques journalistes reporters au sein de mon équipe. Ils sont cinq en permanence. J'ai ainsi le bonheur et la chance de travailler avec Michel Izard, Élisabeth Tran, Laurence Perrier, Roger Ouzé, François-Marie Morel, Michel Fulla ou encore Bertrand Aguirre. Dans l'esprit du nouveau 13 Heures, ils réalisent de nombreux reportages sur l'actualité ou pour quelques magazines. J'y reviendrai, car nous avons vécu grâce à eux quelques formidables aventures télévisuelles, notamment à Tchernobyl quatre ans après la catastrophe de 1986.

Reportages, Régions… Le troisième R, c'est Rigueur. On peut vouloir s'éloigner de l'institutionnel, se rapprocher des régions et des gens qui y vivent, sans pour autant négliger l'actualité elle-même en la traitant toujours avec le souci d'intéresser et d'être compris par les gens qui regardent. C'est mon obsession depuis un tiers de siècle. Et durant tout ce temps, je pense ne pas avoir manqué grand-chose des événements essentiels qui ont jalonné notre histoire collective nationale ou celle du monde. C'est aussi la souplesse légendaire du 13 Heures depuis trente-trois ans : un journal qui revendique le titre de « JT des régions » mais qui n'hésite pas à chambouler son contenu pour de grands moments de journalisme comme la chute du mur de Berlin en novembre 1989, les guerres en Irak dans les années 2000, neuf élections américaines, les attentats de New York en 2001 ou ceux de Paris en 2015 comme des années suivantes, et de tous les événements qui ont vraiment marqué l'histoire du monde.

Je suis très fier d'avoir impulsé cette souplesse dans mon équipe, cette rigueur journalistique. Elle a d'ailleurs impliqué dès mon arrivée une modification de l'horaire de la conférence de rédaction. Jusque-là, elle avait toujours été fixée à 9 heures. Je l'avance à 8 h 30. Pour des raisons pratiques, un 13 Heures n'a que quatre heures environ pour être préparé : il faut réfléchir, choisir, décider, tourner, monter les reportages... Ça n'a l'air de rien, mais cette demi-heure supplémentaire a tout changé en nous octroyant une petite marge supplémentaire pour boucler les sujets les plus chauds. Dans la nouvelle formule que j'instaure, la notion de rapidité tient une place essentielle. On n'attend plus le 20 Heures pour diffuser les images d'un événement qui s'est déroulé le matin. Les progrès technologiques permettent cette évolution avec des tournages plus rapides.

« Rapidité, Reportages, Rigueur, Régions », cette règle a donc conditionné toute cette révolution du JT dont j'ai la responsabilité. Mais des « 4 R », le mot magique reste quand même celui de Régions. J'ai évoqué la création du réseau. Aujourd'hui, celui-ci se compose de dix-neuf bureaux regroupant environ cent cinquante journalistes passionnés. C'est l'âme et la famille du 13 Heures.

Au moment de sa création, on me répète en long et en large que c'est de la folie furieuse, que personne ne fonctionne comme cela, et que, de toute façon, il ne se passe jamais rien en régions, ou plutôt en *« province »*, selon le terme parisianiste consacré et carrément condescendant. C'est vrai que, pendant des dizaines d'années, on n'évoquait la neige que lorsque trois flocons recouvraient les pieds du zouave du pont de l'Alma près de la rue Cognacq-Jay. On parlait de l'augmentation du prix du tabac en invitant un ministre et en faisant réagir un buraliste, toujours le même, celui de la rue Malar, située juste derrière le studio. Idem pour le bal des pompiers le soir du 14 Juillet, dans la caserne de la même rue Malar. Hormis pour de grands conflits internationaux, aucun reporter ne s'aventurait au-delà d'un périmètre sacré délimité par le boulevard périphérique. J'exagère un peu, car la rédaction de TF1 n'a jamais oublié le festival de Cannes ni celui de Deauville ou d'Avoriaz… Là où les Parisiens branchés se donnent rendez-vous. Pour le reste, c'est tout juste si les équipes n'imaginaient pas que, pour dépasser ce fameux périphérique, il faille porter bottes et casque de brousse. La Corse n'était abordée que pour ses tristes « nuits bleues » et Marseille pour ses règlements de compte dans le milieu. Les spectacles n'étaient traités qu'au prisme de leur sortie parisienne. Ailleurs ? On prétendait que c'était un désert culturel. Sur ce point d'ailleurs, bien des comportements n'ont pas encore changé, hélas.

Pour prouver le contraire, les premiers correspondants se donnent corps et âme. Ensemble, nous inventons le métier de « correspondant régional d'une chaîne nationale » qui ne tourne pas de reportages dans une région pour les téléspectateurs de ladite région, mais pour tous les autres à l'autre bout de la France. Une autre manière de filmer, de choisir ses interlocuteurs, de raconter les histoires de la vie. Parmi les « inventeurs » de cette nouvelle approche, Alex Panzani à Marseille, Michel Brunet à Toulouse, Thierry Cabanes à Nantes, Jean-Michel Lobry à Lille, Jean-Yves Gros à Bordeaux, Jean-Marie Deleau à Lyon, Hervé Ciret à Brest, Jean-François Garcia à Montpellier, Gabriel Natta à Nice ou Jacques Rieg-Boivin à Strasbourg. Je ne peux malheureusement pas tous les citer, mais tous, en revanche, sont devenus des amis. Avec chacun d'eux, et tous ceux qui leur ont succédé, nous avons vécu une aventure hors du commun fondée sur un principe essentiel : savoir écouter les gens et savoir les faire parler. Bref, raconter la vie telle qu'elle est. Quelle révolution là aussi ! Nous sortons concrètement de l'institutionnel pour faire parler les vrais gens.

Aujourd'hui, tout cela paraît évident. Pourtant, en 1988, cela ne l'était pas, mais pas du tout. « Comment ça !? Pernaut fait parler les gens ? »

J'ai été aussitôt vilipendé par quelques médias, heureusement toujours les mêmes, enfermés dans leurs vieilles certitudes. Quelques années plus tard, on les surnommera les « bobos ». En 1988, ils me traitaient de fou. Dans la rédaction même de TF1, j'entendais parfois le gentil mot de « bouseux » pour qualifier mon équipe. Cette intelligentsia bien-pensante répétait à l'envi : « Pernaut fait des micros-trottoirs à tout bout de champ, c'est nul ». Deux journalistes de *Libération* y sont même allés de leur livre à charge, *La Bonne Soupe*, pour dénoncer ce qu'ils estimaient être une grave dérive de l'information : la proximité. Mon crime était grave : oser faire parler les gens. Pensez donc ! Quel populisme ! Dieu merci, je me suis toujours moqué éperdument de leurs critiques d'un autre âge. Elles m'amusaient. Trente ans après, crise des Gilets jaunes oblige, les critiques se sont calmées et les bobos ont découvert qu'il y a aussi une vie au-delà du périph'. Après m'avoir condamné, on proclame, sans rire, que j'ai été un précurseur. Merci d'avoir enfin ouvert les yeux !

Le fameux micro-trottoir, dans mon esprit, est plutôt ce que j'ai toujours appelé une « enquête de société ». Se rendre sur les marchés, dans les salles des fêtes ou dans les bistrots pour tenter de capter l'opinion. Savoir écouter, savoir comprendre ce qui va ou ce qui ne va pas. C'est ce que s'ingénient à faire les politiques quand ils sont en campagne électorale, plutôt d'ailleurs pour mettre en valeur leur programme que pour écouter. Ils ont tort : ils devraient aller au contact des vrais gens tout au long de l'année comme nous le faisons sans aucune arrière-pensée.

Mes correspondants, même les plus jeunes, ne peuvent pas me faire plus plaisir que lorsqu'ils me confient que je leur ai appris à « parler aux gens » et à « les écouter ». Toutes choses qu'on n'enseigne pas du tout dans les grandes écoles de journalisme.

Parmi les autres nouveautés du 13 Heures en 1988 : une envie de réoxygéner le contenu de l'info elle-même. La plupart des médias accordaient une large place aux faits divers ? Je décide d'en réduire considérablement la place. Là encore, une question de ressenti. À quoi bon plomber le moral des Français avec des histoires crapoteuses et glauques à tout bout de champ ? Ça intéresse qui ? Pas moi, en tout cas, sauf quand elles sont révélatrices d'un phénomène de société. Je décide aussi de supprimer dans l'édition du jeudi les comptes rendus des matches de foot de la veille au soir. À quoi ça rime ? Les mordus de ballon rond ont forcément déjà vu des extraits dans le journal de la nuit du mercredi. Les faits divers, le foot... Là encore, on m'a traité de fou. La suite et l'audience ne me donneront pas tort.

Dans le JT d'Yves Mourousi, que j'ai eu la chance d'accompagner avant Marie-Laure Augry, une quinzaine de minutes étaient consacrées à l'actualité brute. Le plus souvent avec des images venues de l'étranger, ou de Paris, pour suivre l'actualité institutionnelle. Seule exception : les reportages sur l'actualité culturelle, essentiellement parisienne elle aussi. Quinze minutes d'actu et le reste avec des invités sur le plateau. C'est Yves qui fixait la durée de chaque journal. Parfois une demi-heure, parfois une heure ou plus. En fait, il rendait l'antenne quand il le voulait, quand il estimait avoir terminé. Avec moi, fini les invités, la durée du JT est fixée par la chaîne à la minute près. Il nous faut donc de l'image, plein d'images et de reportages. Une quinzaine de sujets chaque jour.

Très vite, nos partenariats avec la presse quotidienne régionale fonctionnent parfaitement. La télévision n'est plus l'ennemi qui toise la PQR de sa prétendue modernité, mais un partenaire apprécié. Trente ans après, c'est toujours du gagnant-gagnant pour tous ces quotidiens, ou pour les sociétés audiovisuelles qu'ils ont créées au fil des années, comme pour nous.

Parmi nos premiers faits d'armes, je me souviendrai toujours de la catastrophe de Vaison-la-Romaine du 22 septembre 1992, quand la crue de l'Ouvèze, cette petite rivière en furie du Sud-Est de la France, a tout dévasté en quelques heures et causé la mort de près de quarante personnes, dont trente-quatre dans ce village millénaire du Vaucluse. Ce jour-là, Jean-François Garcia et sa journaliste cameraman Nicole Chastagnier, tous deux correspondants à Montpellier, ont été les premiers à s'y rendre. Grâce à leur réactivité, nous avons réussi à diffuser leur reportage dans le 13 Heures alors que l'équipe de France 3 venait à peine d'arriver sur place. Bien plus tard, en septembre 2001, quelques jours après mon retour de New York, c'est grâce à la parfaite connaissance de sa ville par Sylvain Dhollande à Toulouse que j'ai pu bâtir l'un des JT les plus difficiles de ma carrière, en direct de la tristement célèbre rue Bernadette, dévastée par l'explosion de l'usine AZF. Même chose quelques années plus tôt à Nîmes, juste après de terribles inondations.

À mes côtés, à Paris, je peux également compter sur une équipe entièrement dédiée au 13 Heures. J'ai déjà mentionné les reporters qui m'ont rejoint. Mais il y a aussi et surtout une équipe permanente, qui m'a épaulé quotidiennement pour construire ce JT. Quelques anciens de l'équipe Mourousi, dont Chantal Monteil, Auvergnate au caractère bien trempé, et Alain Baillon, toujours le cœur sur la main, tous deux responsables d'édition et de toutes les aventures avec moi, mais aussi Fabrice Decat, reporter talentueux dans l'ancienne équipe, qui a tenu à rester avec moi. Lui aussi, un homme du Nord, un ancien de l'École supérieure de journalisme de Lille, qui a vécu avec bonheur toutes les transformations du JT vers davantage de proximité. Pendant trente ans, Fabrice sera à mes côtés pour diriger et développer avec talent la dernière révolution du journal : l'ouverture à des sujets « magazines », c'est-à-dire plus longs – un bouleversement, car personne ne s'y est jamais risqué.

Proche de ce noyau dur issu des années Mourousi, je continue à travailler avec son réalisateur Marcel Fagès, puis avec ses successeurs Jean-Pierre Janiaud et Jean-Pierre Boulliez. Mon assistante de toujours, Michèle Brami-Chapel, l'épouse de Jean-Pierre Chapel, l'homme des premiers pas sur la Lune en direct à la télévision en juillet 1969, me suit aussi bien sûr. À ses côtés, Jacqueline Lemével, que nous surnommons affectueusement « Madame Jaja », une secrétaire charmante, aussi dévouée que passionnée par l'interminable feuilleton *Les Feux de l'Amour*. Notre petit groupe très soudé fait figure, comme autrefois à l'ère Mourousi, de « village de Gaulois » dans la grande rédaction de TF1.

Nous avons la pêche, l'envie d'avancer, de nous amuser, de bâtir un JT qui nous ressemble. Ensemble, nous modifions en profondeur le journal tout en gardant quelques-unes des clefs du passé, notamment les directs. Au cours des deux premières années, nous montons ainsi cinquante-deux journaux spéciaux, soit une moyenne d'un tous les quinze jours. Chaque fois, il s'agit d'une aventure formidable, entièrement construite par ma petite équipe pour aller vite et être là où il faut quand il faut, essentiellement dans les régions dès qu'un événement important s'y déroule.

Mais la vraie nouveauté, c'est cette envie d'ouvrir le journal à des reportages magazines destinés à remplacer les sempiternels invités

« de fin de journal », le plus souvent des chanteurs ou des comédiens venus promouvoir leur dernier album ou leur dernier film. Je veux changer cela aussi, et remplacer les invitations en plateau par des reportages.

Cela laisse la place à des sujets plus longs que nous décidons de consacrer aux richesses inouïes de notre terroir : des artisans passionnés, un patrimoine exceptionnel, des cultures et des traditions régionales aussi riches que vivantes mais totalement occultées par les autres médias. Là aussi, des témoignages, de belles images et des découvertes extraordinaires au fil des années. Pour diriger cette partie magazine, mon ami Fabrice Decat. Avec lui, je vis trente années fabuleuses, qui nous permettent de diffuser près de 15 000 reportages sur toutes ces richesses que le monde entier nous envie et qu'on retrouve désormais sur ma nouvelle plateforme numérique, la JPPTV.

Ces sujets denses et variés m'ont permis de croiser et de partager la route de professionnels doués, passionnés, investis, dévoués, prêts à relever le défi de ce nouveau JT. Tous formeront avec mon équipe et avec les correspondants « ma » famille du 13 Heures, en laquelle je placerai une confiance absolue. Je pense notamment à Alain Darchy, un journaliste cameraman incroyable, doté d'un sens de l'image peu commun. Je l'avais rencontré quelques années plus tôt lors d'un reportage que nous tournions ensemble à Longwy, en Lorraine. Le jeune reporter que j'étais s'était permis de lui faire une suggestion : « *Regarde Alain. D'ici, l'image serait formidable !* » Du haut de ses presque deux mètres, il me répondit calmement : « *Toi, le rédacteur, occupe-toi de ton stylo. Et laisse-moi m'occuper de ma caméra.* » Fin de la discussion. Darchy était une légende dans ce monde de l'image. Spécialiste de l'aéronautique – il a d'ailleurs toujours son portrait au musée de l'Air à Paris –, il ne supportait pas qu'un « baveux » se permette de lui donner des conseils ou des idées. C'était un perfectionniste.

Je n'en menais pas large quand un jour il débarqua dans le bureau du 13 Heures pour me proposer un sujet magazine en régions. Il en rêvait. Il avait eu un éclair de génie pour trouver de bonnes idées et de vrais contacts, loin des attachées de presse parisiennes : la Fédération nationale des gardes champêtres. Dans les années qui suivirent, jusqu'à son départ en retraite, « l'homme au béret » nous a émerveillés à chacun de ses reportages. Des ailes d'avions, il sut poser sa caméra sur les établis des artisans, les étals des commerçants, la charrue des paysans ou simplement dans une rue ou une place de village. Chaque plan était pensé, réfléchi, travaillé. Et l'image qu'il filmait n'avait pas d'égale pour capter des regards, des gestes et des passions.

Par exemple, celle de Michel Boudon, à Saint-Jean-des-Ollières, à une quarantaine de kilomètres de Clermont-Ferrand. Ah, Michel Boudon… Rien que d'évoquer son nom me donne aujourd'hui encore des frissons. C'était un vieux paysan comme on n'en voit plus guère, en sabots, avec sa charrue tirée par des bœufs, sa gnôle de vingt ans d'âge fabriquée par ses soins, et son regard empli de douceur quand il s'était adressé à la caméra en lâchant avec son accent auvergnat un peu rocailleux : *« Tout homme qui ne se retourne pas sur ses racines est un homme perdu ! »*

Ce reportage plein d'humanité et de vérité signé Alain Darchy nous avait marqués, parce qu'il symbolisait exactement ce à quoi nous aspirions tous : nouer un contact direct, sans filtre, avec les gens simples mais tellement vrais de la France dite « profonde » à laquelle les élites tournaient résolument le dos, mais que nous voulions mettre en pleine lumière. Avec le temps, Alain était devenu un ami, sincère.

Aussi, lorsqu'il est décédé début 2006, j'ai tenu à lui rendre hommage à l'antenne en diffusant certains de ses meilleurs sujets avec la complicité d'un autre grand monsieur du journalisme, Michel Izard. Ce jour-là, et pour la première fois de ma carrière, je n'ai pas pu retenir mes larmes.

Ah Michel Izard ! Nous avons vécu tant de belles choses ensemble. Moi dans mon bureau et lui à l'autre bout de la planète, pour nous faire partager la richesse et la beauté de tous les petits et grands morceaux de terre française, avec ses « carnets de route » qui ont fait école depuis. Il a inventé ce type de reportages où l'on part sans savoir ce qu'on va trouver : des rencontres, des sensations, des histoires humaines toujours servies par de magnifiques images, notamment signées Bertrand Lachat ces dernières années. Des commentaires remplis de poésie et de gourmandise dans la voix chantante de Michel pour qui j'ai toujours eu une confiance et une admiration absolues : « *Laisse-moi partir en terre Adélie, Jean-Pierre ! Tu ne seras pas déçu du voyage.* »

Qu'à cela ne tienne ! Et que ce soit en terre Adélie ou ailleurs, des Marquises à Wallis et Futuna ou sur le petit bout de terre française de l'île Sainte-Hélène, nous n'avons jamais été déçus, ni les téléspectateurs ni moi. Ce sont de grands moments de télévision que nous a offerts Michel.

Et que dire aussi de Robert Werner ? Cet Alsacien, aussi érudit que passionné par sa région, n'aime rien tant que raconter l'histoire. Il trouve toujours le ton juste pour piquer la curiosité des téléspectateurs en quelques minutes, sait dénicher comme personne les détails inédits, prend un malin plaisir à distiller les révélations historiques. C'est un conteur hors pair qui a souvent donné une sacrée profondeur au journal.

Je pourrais en citer des dizaines de ces journalistes-rédacteurs et journalistes-cameramen (qu'on appelle maintenant « reporters d'images ») talentueux de la rédaction parisienne de TF1, qui se sont donnés merveilleusement pour nous faire découvrir les régions et leurs trésors dans ces magazines que nous avons été pendant vingt-cinq ans les seuls à diffuser dans un journal télévisé. C'est ma grande fierté : nous avons constitué au fil des années la plus belle de toutes les bibliothèques d'images sur ce qu'est la France, sur ce qu'elle était il y a trente ans et ce qu'elle est devenue.

Enfin, dernière révolution mais non des moindres, plus récente mais ô combien importante : nous décidons de nous mettre au service des téléspectateurs. Cela aussi était une nouveauté dans le PAF, à l'initiative cette fois d'un de mes rédacteurs en chef, Jean-Christophe Geffard. Objectif simple : profiter de la notoriété du JT et de son audience pour être utiles à quelque chose. Ainsi naissent les rubriques « La Semaine pour l'emploi », « SOS Villages » et, il y a trois ans, l'élection du « Plus beau marché de France ». Pour l'incarner à mes côtés, une formidable journaliste qui a rejoint notre équipe : Dominique Lagrou-Sempère. D'abord reporter, elle sait écouter les gens qui racontent leur vie et leurs difficultés, mais c'est également une présentatrice dans l'âme et dans le cœur. Depuis trois ans, c'est Dominique qui fait vivre brillamment ces opérations et éditions spéciales que nous avons partagées avec bonheur, que ce soit à Sanary, Montbrison ou encore Sainte-Mère-Église pour le 75e anniversaire du débarquement de Normandie.

Pour les opérations « SOS Villages » et l'élection du « Plus beau marché de France », nous rencontrons un succès formidable et initions une proximité encore plus forte avec

« les gens qui regardent le 13 Heures ». C'est une immense fierté pour Dominique et moi. En tout cas, encore une nouveauté comme toutes les rubriques inventées au fil des ans et tellement différentes de ce qui se fait ailleurs. « Votre Histoire », par exemple, qui conduit nos équipes au hasard d'une fléchette pour dresser le portrait des gens qu'elles croisent, au hasard aussi. Tout le monde en effet a une histoire, une vie à raconter. « L'Actu et Vous » s'inscrit dans la même logique. Nous allons à votre rencontre, non pas pour vous faire réagir à tel ou tel événement choisi par un de nos journalistes, mais pour vous demander ce que vous avez retenu et ce que vous pensez de l'actualité récente. Il y a peu aussi, j'ai remis au goût du jour l'émission emblématique de Michel Péricard et Louis Bériot dans les années 1970, « La France Défigurée ». C'est désormais un rendez-vous dans notre 13 Heures à partir des témoignages de téléspectateurs sur les paysages abîmés autour de chez eux. Notre manière à nous de défendre l'environnement.

C'est tout ça à la fois le 13 Heures. Et j'en suis vraiment très fier. Comme l'a dit Benjamin Franklin, l'un des pères fondateurs des États-Unis d'Amérique à la fin du XVIIIe siècle : *« Il y a bien*

Les révolutions du 13 Heures

des manières de ne pas réussir, mais la plus sûre est de ne jamais prendre de risques ». Dieu sait si nous en avons pris avec toutes ces nouveautés dans un journal télévisé ! Et la réussite nous a souri. Dès 1988, et constamment durant les trente années qui ont suivi, nous avons été des précurseurs. Récemment, un « historien » de l'audiovisuel affirmait péremptoirement dans un journal à l'occasion de l'annonce de mon départ que j'avais *« contaminé »* les autres médias. Merci, cher expert, mais je crois que vous n'avez rien compris. J'aurais plutôt dit *« enrichi »* à la place de *« contaminé »*. À part lui et quelques autres (toujours les mêmes), tous plébiscitent désormais ce que l'on nous a reproché.

Notre monde n'a jamais été aussi globalisé, ni aussi désincarné. Pour preuve, avec une simple application − Radio Garden −, vous pouvez d'un clic entendre en direct une radio péruvienne, sénégalaise ou danoise où que vous soyez sur terre. Sans quitter votre canapé, vous êtes en simultané avec n'importe quel point du globe. C'est vertigineux. Raison de plus pour ne pas dédaigner notre environnement immédiat, pour ne pas occulter nos racines, nos cultures et notre patrimoine. La crise de la Covid-19 ne durera pas éternellement. Il viendra un temps où nous pourrons de nouveau courir les festivals celtes ou ceux d'accordéon. Si quelqu'un au Japon ou au Canada veut humer l'air du temps en France, il sait qu'il trouvera son bonheur dans notre journal.

Pour nous, au 13 Heures, il n'y a pas de petits ni de grands sujets. La météo, la santé, l'alimentation, la sécurité, les transports, les petits commerces, le pouvoir d'achat, la désertification des centres-villes… autant de thématiques que nous abordons naturellement et sans nous pincer le nez parce qu'elles renvoient au quotidien de chacun. Nous n'avons d'autre ambition que de refléter leur vie.

Une proximité que j'ai également voulu instaurer sur le plateau du journal lui-même. À la faveur d'un changement de décor il y a trois ou quatre ans, j'ai demandé qu'on supprime la sacro-sainte et statutaire table derrière laquelle tous les présentateurs sont assis depuis des lustres. Elle éloigne plus qu'elle ne rapproche des téléspectateurs, marquant une distance physique entre celui qui parle et ceux qui regardent. J'ai donc voulu casser les codes. J'ai, si j'ose dire, « renversé la table » : je l'ai supprimée afin de casser la barrière qui pouvait me séparer des

Français. Le directeur artistique Yoann Saillon a conçu avec moi une tout autre ambiance. Assis sur un tabouret ou simplement debout, je me tiens face aux gens, avec en arrière-plan un paysage verdoyant censé représenter la France des régions. Mes notes sont posées sur un coin de table, à côté de moi. De temps en temps, je m'y accoude, comme si j'étais au comptoir d'un bar. À mes yeux, c'est plus convivial, plus simple. Je suis pleinement avec les téléspectateurs. Je ne réutilise la fameuse table qu'en cas d'opérations spéciales, au cours desquelles plusieurs intervenants peuvent venir me rejoindre en plateau. Ce fut le cas notamment en décembre 2017 après l'annonce de la mort de Johnny Hallyday. Ce jour-là, mercredi 6 décembre, nous avons tenu l'antenne pendant près de sept heures. Entre deux chansons du « taulier », les invités, qui venaient lui rendre hommage, se succédèrent tout au long de la journée. Ce jour-là, je n'ai pas caché ma profonde émotion.

Ah, l'émotion du présentateur… C'est pour la préserver que je n'ai jamais voulu m'aider d'un prompteur. Cela aussi est un legs d'Yves Mourousi, qui ne s'en servait jamais. Je parle naturellement comme je parlerais si j'étais face aux gens chez eux ou dans la rue. Je préfère rester spontané et naturel. Bien sûr, mes textes sont rédigés avec l'aide d'un des fidèles journalistes de mon équipe, Medhi Chebana, à mes côtés depuis une dizaine d'années et écrits sur de petites fiches. Avant lui, Marie-Jo Planson m'a épaulé pendant vingt ans.

Et il me plaît de raconter qu'à force de vanter les formidables atouts de nos régions et de nos petits commerces, Marie-Jo a un jour décidé de tout plaquer à son tour pour aller ouvrir une crêperie à Matignon… non pas dans la résidence du Premier ministre, mais dans un petit village des Côtes-d'Armor, qui d'ailleurs a donné son nom à l'hôtel particulier de la rue de Varenne à Paris.

Au fond, chaque jour, je prépare le journal que je voudrais voir si j'étais chez moi devant mon poste. J'essaie de me mettre à la place du téléspectateur. L'information que nous donnons lui est-elle utile ? Est-elle pertinente ? Je considère que nous ne sommes pas là pour nous faire plaisir ou nous faire mousser avec tel ou tel sujet, mais pour rendre compte de la vie telle qu'elle est. Pour raconter aussi tous les événements qui se déroulent hors du périphérique et que les chaînes ont longtemps royalement boudés : la braderie de Lille, la foire aux santons de Marseille, les joutes nautiques de la Saint-Louis à Sète, le carnaval de Dunkerque ou encore le pèlerinage des Gitans en mai aux Saintes-Maries-de-la-Mer. Autant d'événements majeurs qui, à TF1, nous ont toujours passionnés, comme les petites histoires de la vie quotidienne que nous découvrons avec mes deux assistantes, Louisa Kirèche et Sophie Perrelle, dans l'abondant courrier que nous recevons chaque jour. Cinquante, cent lettres certains jours et maintenant des milliers de messages sur Internet.

Ceux, de moins en moins nombreux, qui dénigrent encore cette exigence de « proximité », voudraient – sans doute – me dénier le droit de faire mes propres choix. Or notre métier de journaliste n'est fait que de ça. Ce sont mes intuitions, et je les assume. Avec humour, j'avais d'ailleurs affiché sur un mur de mon bureau peu après mon arrivée à la fin des années 1980 : *« Cette idée est bonne, c'est la mienne ! »* Je sélectionne, je hiérarchise, j'écoute évidemment les avis de mes équipes, mais en dernier recours, je tranche. C'est ma responsabilité pleine et entière. Ceux qui critiquent toujours nos choix au 13 Heures rêvent-ils du journal officiel, d'un organe unique qui distillerait la bonne parole ? Ça s'appelait *La Pravda* autrefois et ailleurs... Mon JT est un journal de sensations. Quoi qu'il en soit, au fil des années, le 13 Heures est un peu devenu « mon bébé ». Aussi l'ai-je naturellement couvé puis ai-je cherché à le faire grandir. À trente-trois ans, pour ne pas mimer l'histoire du film *Tanguy*, je crois qu'il est assez grand pour se débrouiller tout seul.

Aujourd'hui, je suis fier de notre différence. Notre journal est proche des gens, attaché à l'image, aux témoignages et aux richesses de nos belles régions. Pour les téléspectateurs français, bien sûr, mais pas seulement. Il y a quelques années, lors d'un voyage aux Seychelles, dans l'océan Indien, quelle ne fut pas ma surprise en descendant d'un bateau sur une île minuscule appelée « Chauve Souris » ! Le vieux gardien des lieux nous attendait sur le quai. Il me reconnut aussitôt. J'étais vraiment interloqué car j'ignorais que le 13 Heures était la seule émission en langue française diffusée par la télé seychelloise. L'homme me regardait tous les jours. Il s'exclama avec son délicieux accent créole : *« Ah Jean-Pierre, votre reportage sur les burons d'Auvergne la semaine dernière était formidable ! »*

Les révolutions du 13 Heures

Rien que pour entendre une pépite comme celle-là au bout du monde, je me dis que notre travail au long cours n'aura pas été inutile.

5

Vous avez dit impertinence ?

Les révolutions du 13 Heures de TF1 ont fait souffler un vent de fraîcheur sur l'information télévisée. C'est un édifice que j'ai patiemment construit, d'abord en posant un regard neuf, inédit même, sur les régions, ensuite en privilégiant un rapport direct avec les téléspectateurs plutôt qu'avec les institutions. Mais il y a sans doute aussi, parmi toutes les raisons qui font du 13 Heures un JT hors du commun, l'expérience que j'ai pu acquérir durant ma carrière dans d'autres émissions. Je crois être le seul présentateur de journaux à avoir eu cette chance.

Tout a commencé peu après mon arrivée à TF1, quand j'ai participé à ma première émission de divertissement aux côtés du regretté Bernard Golay. Sur la Une, il présentait les samedis après-midi le fameux « Samedi est à vous » créé par Guy Lux, où les téléspectateurs choisissaient eux-mêmes les séries qu'ils voulaient regarder. Entre deux séries, je présentais des flashes d'actualité aux côtés de Bernard que j'appréciais beaucoup, dans les studios mythiques des Buttes-Chaumont. De l'info dans le divertissement : c'était à ma connaissance une première !

Peu après, Christophe Izard, le directeur des programmes jeunesse de la chaîne, me confia « Clap Chanson ». Pendant une saison, le mercredi après-midi, je recevais un chanteur ou une chanteuse pour une interview intimiste d'une quinzaine de minutes entrecoupée de quelques chansons en direct. Je me souviens d'avoir ainsi accueilli Georges Moustaki, Sylvie Vartan, Dave ou Adamo. Là aussi, je détonnais dans le paysage audiovisuel où il était de mauvais goût – mais je m'en moquais déjà complètement – de mélanger le journalisme à la chansonnette. Pour moi, cela a été un enrichissement, comme l'a été quelques années plus tard, dans un autre registre, une formidable émission qui s'appelait « Transcontinental », produite par Martine Tournier. Chaque semaine, j'avais à mes côtés en plateau un invité autour d'images consacrées aux peuples du monde. Des chercheurs, des journalistes, des explorateurs venaient me raconter leur passion pour ces peuples, des Pygmées aux Inuits, qu'ils avaient côtoyés au cours de leurs recherches ou simplement par goût de l'aventure. J'ai adoré cette découverte très humaine de la planète.

Pendant cette période, j'ai aussi eu la chance de me voir confier quelques rubriques dans l'émission que présentait mon amie Évelyne Dhéliat, « La Maison de TF1 » le samedi matin : d'une part, une petite rubrique sur le tourisme et les vacances, et d'autre part, une revue de presse régionale. Déjà ! Je me souviens de l'ambiance très amicale et conviviale de ce programme où Évelyne m'avait accueilli avec une immense gentillesse à un moment où mon travail dans la rédaction, après la purge politique qui avait suivi mai 1981, avait été réduit à sa plus simple expression. Ensuite, et sans doute grâce à l'expérience acquise dans cette « Maison de TF1 », j'ai eu l'opportunité d'assurer la rédaction en chef d'une autre émission d'informations pratiques, « Le Rendez-vous d'Annick » avec Annick Beauchamps, diffusée tous les jours, juste avant le JT de Mourousi. J'y ai appris à animer une équipe, concevoir un programme quotidien, monter quelques émissions spéciales, notamment aux Antilles et à La Réunion, où je participais à la présentation de quelques séquences avec Annick, la « maîtresse de maison ».

Mine de rien, toutes ces émissions tellement variées m'ont permis d'accumuler une bonne expérience de l'animation en dehors du sacro-saint studio du journal télévisé à l'atmosphère sérieuse, pour ne pas dire glaciale, où l'on était à l'époque systématiquement assis devant un téléprompteur. L'appareil, qui permet de lire un texte déroulant sur un écran en faisant semblant de regarder la caméra, existait déjà depuis longtemps. C'est, je crois, le plus vieil outil de l'audiovisuel et c'est d'ailleurs pourquoi je l'ai supprimé dès mon arrivée au 13 Heures bien des années plus tard.

Au printemps 1991, on m'offre sur un plateau une opportunité en or : la présentation et la corédaction en chef d'une nouvelle émission consacrée à l'argent, « Combien ça coûte ? ». Et « CCC », comme on la surnommera bientôt, durera dix-neuf ans. On m'appellera d'ailleurs le « PLD » du PAF : le Présentateur Longue Durée !

Vous avez dit impertinence ?

Quelle belle aventure ce « Combien ça coûte ? », devenu au fil des ans une marque mythique de la télévision avec des audiences en *prime time* dépassant assez souvent les 10 millions de téléspectateurs. Christophe Dechavanne souhaitait se reposer quelques mois de son célèbre « Ciel mon mardi » en proposant une autre émission pendant l'été 1991. Il avait suggéré à Étienne Mougeotte de créer un magazine autour de l'argent et de la vie quotidienne. Ça n'existait pas alors à la télévision, et ils avaient pensé à moi pour la présenter. Au 13 Heures, j'avais déjà cette image de proximité avec de nombreux sujets sur la vie des Français… et sur leur portefeuille.

Rendez-vous est donc pris au siège de Coyote Conseil, la société de production de Christophe. Il me présente l'un de ses assistants, Stéphane Courbit, qui deviendra quelques années plus tard l'un des plus grands patrons de l'audiovisuel en Europe. En quelques jours, Stéphane organise tout, et nous enregistrons deux mois plus tard les huit premiers numéros de « Combien ça coûte ? », qui seront diffusés chaque semaine pendant l'été.

Je me souviens de notre premier enregistrement. Nous avions choisi un journaliste pour essuyer les plâtres : mon ami François de Closets,

33 ans avec vous !

auteur de l'essai remarqué *Toujours Plus* au début des années 1980, qui ne pouvait pas mieux coller à une émission où nous voulions en finir avec les silences curieux de la société de l'époque sur les questions d'argent. Quelques minutes avant l'enregistrement, Christophe déboule sur le plateau, prend mon paquet de fiches où j'avais rédigé mot à mot toute l'émission, et le jette à la poubelle avec son sourire malicieux. Je suis estomaqué ! « *Tu connais l'émission par cœur*, me dit-il. *Alors, écoute ton invité et mets tes tripes !* »

Merci Christophe ! Jamais je n'aurais osé. Mais je l'ai fait. Une improvisation totale qui m'a complètement sorti du ton un peu compassé d'un texte écrit, rédigé à la ligne près. Nous avons fait ce soir-là la première émission française « d'info-*tainment* », une contraction d'*information* et d'*entertainment* (divertissement). Après de Closets, pour l'émission suivante, je reçois le comédien Thierry Lhermitte. Juste avant, en coulisses, il me confie qu'il veut bien parler d'argent mais me demande de ne pas lui faire dire quels sont ses revenus. Bien sûr. Je le rassure. Ce n'est pas le genre de la maison et ça ne le sera jamais, sauf quand il s'agira de revenus publics. L'émission se déroule tranquillement jusqu'à une question anodine de ma part :

Vous avez dit impertinence ?

– *Et vous, Thierry, vous payez beaucoup d'impôts ?*
– *Oh oui ! Un million et demi ! Exactement la moitié de ce que je gagne !*

Sourire gêné de Lhermitte qui se rend compte aussitôt de sa gaffe. J'ai failli éclater de rire et lui aussi…

Beau souvenir aussi de deux invités étonnants que tout aurait dû opposer dans ce programme : Arlette Laguiller et Paul-Loup Sulitzer. La militante syndicale d'extrême gauche face à l'auteur à succès, spécialiste des thrillers financiers sont très froids l'un envers l'autre, jusqu'à une discussion sur les tarifs des garagistes. Et là, ils tombent d'accord pour râler contre les prix qu'ils jugent exorbitants :

– *Ma voiture me coûte la peau des fesses*, lâche Paul-Loup.
– *À qui le dites-vous !* réplique Arlette.

Le temps d'une émission, ces deux-là se sont rapprochés, même si l'une avait une 2CV et l'autre une Rolls. À la fin de l'enregistrement, ils se sont même fait la bise.

Énorme succès d'audience pour cette première salve d'émissions. C'était la première fois qu'on osait parler concrètement d'argent à la télévision, un sujet jusque-là tabou. Étienne

Mougeotte décide de garder l'émission, d'abord en deuxième partie de soirée puis en *prime time*, chaque mois à partir de 1996. « Combien ça coûte ? » cartonne et aura quasiment le même succès jusqu'en 2010 ! Elle sera alors arrêtée, parce que la télé exige toujours tôt ou tard des nouveautés. Mais je rêve toujours que « CCC » revienne un jour. Je suis certain que les téléspectateurs apprécieraient de retrouver l'impertinence amusée que nous avions sur les problèmes d'argent et surtout l'utilisation de l'argent public.

Tout le monde se souvient d'un micro-trottoir à l'Assemblée nationale où des parlementaires ignoraient le prix d'une baguette de pain. Ils ne savaient même pas que les boulangers étaient libres de le fixer. On se rappelle aussi d'un magnifique reportage sur le budget du fort de Brégançon, résidence d'été officielle du président de la République, où François Mitterrand n'avait jamais mis les pieds… contrairement à ses nombreux amis, à en croire les factures envoyées par les commerçants du coin !

Impertinence amusée, même si les rires viraient au jaune quand nous parlions d'argent public gaspillé avec des exemples très concrets à chaque émission : un télésiège flambant neuf sur un versant de montagne où il n'y a jamais eu de neige, un musée du père Noël dans une station balnéaire où il n'y a pas un chat en hiver, une déviation pour les poids lourds construite à grands frais mais où les ponts sont trop bas pour que les camions passent. Je n'oublie pas non plus un vaste parking souterrain municipal dont la rampe d'accès était trop étroite pour laisser passer les voitures, ni bien sûr les ronds-points qui coûtent des fortunes ! Ah les ronds-points si chers à « CCC » pour lesquels la France est championne du monde. Et combien d'histoires effarantes de ponts construits au milieu de nulle part, et sans route pour y accéder... Des centaines d'exemples et des milliards dilapidés. Quelle gabegie !

L'aventure mêlant info et show s'est finalement arrêtée après dix-neuf ans d'existence dont quatorze en *prime time* tous les mois. Qui dit mieux ? Pas grand monde. J'en suis très fier, et Christophe Dechavanne aussi. Il m'a appris tellement de choses sur l'animation ! C'est un génie.

Près de cent vingt émissions en première partie de soirée, toujours en direct, et un succès jamais démenti, mêlant chaque fois le sérieux des infos et le plaisir du divertissement grâce à nos invités, aux chroniqueurs et aux idées de

Christophe. Grâce à lui, ils ont été très nombreux à m'entourer pendant cette belle aventure. D'abord Isabelle Quenin, qui m'a aidé à donner le ton de l'émission, puis Valérie Expert, qui a coprésenté avec moi les premiers *prime time*. Et pendant toutes ces années, autour de la table, de formidables journalistes et animateurs se sont succédé : Jacques Expert, longtemps rédacteur en chef également, David Gonner, le duo Pascal Bataille et Laurent Fontaine, Renaud Hétru, l'ancienne Miss France Sophie Thalmann, Alessandra Sublet, Laurence Ferrari, Nathalie Vincent, Nicolas Rossignol, Annie Lemoine et bien d'autres, notamment Justine Fraioli les dernières années. Entre nous, à chaque émission, régnait une formidable ambiance et nous nous sommes vraiment bien amusés avec notre producteur jamais à court d'idées.

Christophe Dechavanne a par exemple été le premier à imaginer des décors évolutifs en fonction des thèmes ou des saisons. Des décors toujours extraordinaires, surtout au moment de Noël avec nos sapins magnifiquement décorés et, en prime, le vrai traîneau du père Noël avec ses rennes devant le studio ! On prévoyait de parler d'agriculture ? Il nous faisait installer une ferme avec plein de vrais animaux, des lapins, des canards, des chèvres. Et une heure avant le direct, il se démenait pour qu'on lui trouve un cochon ! Pour illustrer l'automobiliste « vache à lait », par exemple – et nous en parlions souvent –, il faisait venir une vache sur le plateau.

Et comment ne pas évoquer un autre très joli souvenir ? Un jour, Christophe avait changé le décor pour installer en son centre une immense reproduction de la tête de la statue de la Liberté, haute de six mètres ! Pendant des jours et des jours, je me suis creusé la cervelle pour trouver le moyen de justifier ce choix en quelques mots au début de l'émission. À la répétition, mon explication était farfelue et juste avant le direct, Christophe me souffla son idée à l'oreille. Je n'y avais pas pensé. Le direct commence, je rentre sur le plateau : « *Mesdames et Messieurs, bonsoir…* » Et me tournant vers la statue : « *Bonsoir, Madame, bienvenue dans "Combien ça coûte ?"…* » Et le tour était joué ! « Bonsoir Madame. » Pas besoin d'en dire plus. La statue était dans le décor, c'était comme ça. Sacré Christophe !

Et que de parties de plaisir avec des invités parfois complètement déjantés ! Je me souviens d'une émission avec Michel Leeb et le regretté Bernard Loiseau. En direct, le grand chef cuisinier nous apprenait à faire une mayonnaise. Michel, en pleine forme, a commencé à nous écraser les œufs sur la tête. Le plat de mayonnaise y est passé aussi. Séquence surréaliste. Ça dégoulinait de partout jusqu'à une coupure de pub qui fut vraiment la bienvenue pour nous refaire une beauté.

Toutes ces émissions m'ont appris année après année à réagir à peu près à tout ce qui peut se produire dans un programme de télévision et je me suis pris d'une vraie passion pour le direct, sans filet.

J'ai eu une chance inouïe de pouvoir vivre ça, tout en restant moi-même, comme dans le JT. Il est certain que quand on joue un personnage, on ne tient jamais bien longtemps, on ne peut pas être « PLD » !

« Combien ça coûte ? » a cessé en plein succès, comme le magazine « Le Monde à l'envers » produit par Julien Courbet, que j'ai présenté plusieurs fois avec l'excellente Églantine Éméyé (on y parlait surtout des aberrations de l'administration). Ce type d'émission a totalement disparu du paysage aujourd'hui. On nous rétorque que la télé a changé et qu'il faut des concepts plus modernes. Je pense surtout que ce

Vous avez dit impertinence ?

type d'impertinence gêne trop dans une société à fleur de peau qui ressemble à une poudrière, prête à s'embraser au moindre écart.

Peut-on encore rire de tout ? Pourrait-on imaginer « Combien ça coûte ? », « Le Petit Rapporteur » ou l'humour de Desproges et de Coluche aujourd'hui ? Je crains que non, hélas.

Pour ma part, je suis heureux d'avoir vécu cette époque formidable, d'avoir acquis une expérience unique qui a bien évidemment influencé ma manière d'être dans le journal. Ce petit zeste d'impertinence, de liberté et d'humanité que les téléspectateurs, eux, semblent apprécier.

6

LES AVENTURES ET LES RENCONTRES DU 13 HEURES

« *Jean-Pierre Pré-sident ! Jean-Pierre Pré-sident !* »

Je suis interloqué. On se croirait à un meeting politique ou à un concert rock ! Les cris viennent de la foule qui se presse autour du petit kiosque à musique de Sanary-sur-Mer dans le Var où je viens d'arriver. Combien sont-ils en ce 9 mai 2018 ? 5 000 ? 10 000 ? Il y a déjà un monde fou pour assister, dans pourtant plus d'une heure, au journal spécial que je vais consacrer avec ma complice Dominique Lagrou-Sempère au marché de Sanary, premier de notre nouveau concours du « Plus beau marché de France ».

Pendant plus de trois mois, l'engouement sur la toile aura été au-delà de nos espérances : plus de trois millions de votes pour les vingt-quatre lauréats régionaux choisis par les lecteurs de tous les grands titres de la presse quotidienne régionale (PQR).

Ah les marchés ! Une vieille et belle histoire avec le 13 Heures. Nous y allons souvent avec nos correspondants pour humer l'air du temps dans toutes les régions. Les couleurs, l'histoire, les traditions, le folklore, le parfum des bons produits de saison, les accents chantants… C'est sur les marchés qu'on sent vibrer notre pays depuis des générations. Les hommes politiques ne s'y trompent pas : c'est là qu'ils se rendent tous pendant leurs campagnes électorales. Ils les oublient le reste du temps, et c'est bien dommage pour eux. En plus de trente ans, nous y sommes allés des centaines de fois et c'est pour leur rendre hommage autant que pour mettre en avant les richesses du terroir que nous avons décidé cette opération. Elle s'inscrit dans la droite ligne de notre attachement à la vraie vie, cette proximité avec les Français qui fonde l'ADN du 13 Heures de TF1.

Pour les marchés, nous décidons de sortir une nouvelle fois du cadre habituel des autres journaux télévisés, avec l'objectif de renforcer les liens tissés avec nos téléspectateurs.

Il a d'abord fallu créer et organiser un partenariat avec tous les titres de la PQR pour que chaque région puisse élire son marché qui le représenterait lors du vote national. Ça n'a l'air de rien, mais cela a nécessité des semaines d'un travail acharné pour David Rigot, alors responsable des Régions à la direction de la communication de TF1, emballé par notre idée pour laquelle il a été d'un soutien extraordinaire. Il a aussi fallu créer un site Internet pour que les téléspectateurs puissent voter dans les vingt-deux anciennes régions de métropole ainsi qu'aux Antilles et à La Réunion, où nous avons des correspondants permanents.

En février 2018, avec Dominique Lagrou-Sempère, qui m'accompagne sur toutes nos opérations spéciales, nous lançons à l'antenne du journal cette première élection du « Plus beau marché de France ». Toute la presse régionale est convaincue. Les votes régionaux démarrent et, quelques semaines plus tard, nous bouclons la liste de nos vingt-quatre marchés lauréats. Ensuite, au fil des semaines, nos correspondants nous présentent chacun d'entre eux dans le journal. Quel bonheur de constater chaque matin en arrivant au bureau que le site Internet a été pris d'assaut : 50 000, 100 000, 1 million, 2 millions et même 3 millions de votes ! Incroyable mobilisation dans toute la France pour soutenir les marchés de chaque région. Nous y sommes tous tellement attachés !

Après trois mois d'une compétition acharnée, c'est donc Sanary-sur-Mer qui arrive en tête, devant Royan en Poitou-Charentes et Saint-Pierre de La Réunion qu'on retrouvera d'ailleurs sur le podium les deux années suivantes. Nous décidons bien sûr de réaliser une édition spéciale en direct de ce petit port coloré du Var de quelque 16 000 habitants. À notre arrivée, avec toute l'équipe, la veille de l'émission, nous sommes accueillis chaleureusement par le maire, Ferdinand Bernhard, son équipe, les commerçants du marché… Tous se sont mobilisés sans relâche ! Nous n'imaginons évidemment pas ce soir-là la foule qui sera au rendez-vous du lendemain.

Un journal spécial de ce type, c'est une grosse machine qui doit être préparée des semaines à l'avance. Pour Sanary-sur-Mer, c'est notre chef de production, Michel Kyriazopoulos, et notre réalisateur, Éric Freslon, qui ont tout organisé dans la bonne humeur, mais toujours avec un sérieux irréprochable. Le car vidéo, une grue, un drone, l'emplacement des caméras, l'alimentation électrique, les liaisons pour diffuser image et son, les barrières, la sécurité, l'hôtel pour l'équipe, la restauration, de multiples autorisations à obtenir, autant de vérifications pour que tout se passe bien... et trouver un bureau pour que je puisse tout préparer avec Dominique. Ce sera l'Office du tourisme, où nous nous posons avec Mehdi Chebana, qui est de toutes nos aventures. La petite équipe du 13 Heures est sur le pont autour d'Anne de Coudenhove, notre rédactrice en chef, qui ne souhaite manquer l'événement pour rien au monde.

« *Jean-Pierre Pré-sident ! Jean-Pierre Pré-sident !* » « *On a ga-gné ! On a ga-gné !* » La foule continue à hurler. Je décide d'aller à la rencontre de tous ces admirateurs fous de joie de me voir « en vrai ». Des bises, des serrements de mains, des accolades, des selfies par centaines. Une vraie rock star ! Je ne reviens pas d'un tel enthousiasme. Les commerçants du marché ne sont pas en reste pour nous féliciter de cette opération qui les met à l'honneur, comme tous leurs collègues de tous les marchés de France. Comme d'habitude, Dominique, très à l'aise, souriante, donne le ton du journal qui démarrera au bord du marché, autour du kiosque à musique, avec en toile de fond les jolis pointus, ces petits bateaux colorés emblématiques de la Méditerranée. Quel superbe direct !

33 ans avec vous !

J'en ai encore des frissons, comme j'en aurai un an après en Normandie, à Sainte-Mère-Église, à l'occasion des cérémonies du 75ᵉ anniversaire du Débarquement en juin 2019. Là encore, comme à chaque fois, préparation impeccable de Michel et Éric pour réaliser notre journal en direct sur la petite place au pied de l'église rendue célèbre par le film *Le Jour le plus long* de 1962, avec le parachutiste américain qui s'était retrouvé accroché au clocher. Derrière les barrières que nous avons installées, des milliers et des milliers de spectateurs se sont agglutinés. Là encore, des cris, des applaudissements, des encouragements pour m'accueillir, des bises, des selfies et d'innombrables *« Merci, Jean-Pierre, on aime tellement ce que vous faites »*. Un public aussi chaleureux avec moi qu'avec Dominique, qui a bien du mal à se frayer un chemin pour me rejoindre : « *Dominique, bravo, on vous aime !* » Elle n'en revient pas non plus. Nous sommes, comme à Sanary-sur-Mer, avec les téléspectateurs qui nous regardent tous les jours et que nous ne voyons jamais.

Pour ma part, c'est la troisième fois que je viens dans cette petite ville de la Manche pour le journal de 13 Heures. Cinq ans auparavant, en juin 2014, j'avais déjà choisi d'être là, au milieu du public venu célébrer le 70ᵉ anniversaire du

Débarquement. Même lieu, même foule, même enthousiasme. Et une anecdote cocasse : Michel Kyriazopoulos, déjà notre chef de production à cette époque, et Jean-Pierre Boulliez, qui réalisait alors tous nos journaux et nos grands directs avant son départ en retraite il y a quelques années, avaient calé la venue d'un chœur d'une centaine de militaires américains en grande tenue. Les négociations pour les convaincre s'étaient éternisées toute la nuit. Ils avaient finalement accepté et étaient là pour entonner la célébrissime chanson du *Jour le plus long*, entourés par des dizaines de vétérans du D-Day. Nous terminions ce journal spécial avec eux. C'était beau et poignant. Les vétérans étaient en larmes, nous aussi. Malheureusement, les téléspectateurs du 13 Heures ne partageront jamais cet intense moment d'émotion collective. Car à Boulogne, la régie avait curieusement décidé de couper l'antenne à la première note de musique pour montrer à la place l'image d'une plage déserte où devaient commencer bien plus tard les cérémonies officielles. Ah l'officiel, toujours prioritaire bien sûr ! En découvrant cette erreur, j'ai failli, de colère, avaler mon micro.

Autre anecdote, amusante celle-là, et toujours à Sainte-Mère-Église, décidément haut lieu des aventures du 13 Heures. J'y étais venu pour le 50ᵉ anniversaire de ce même débarquement du 6 juin 1944. La même foule, mais personne ne m'avait reconnu... sauf le patron d'un bistrot bondé de clients. Il m'aperçut et me lança : *« Ah ! Bonjour Jean-Claude Chazal ! »* Mélange de Jean-Claude Narcy et de Claire Chazal. Au moins, on restait sur TF1 ! Pour moi, une belle leçon d'humilité. J'étais pourtant au 13 Heures depuis six ans, mais la notoriété, apparemment, ça prend beaucoup plus de temps à faire son chemin... Et quand ça arrive, on peut être surpris par son ampleur. *« Jean-Pierre Pré-sident ! »*

J'ai toujours adoré ces journaux télévisés en direct ailleurs qu'en studio. J'ai dû en faire quelques centaines dans ma carrière. C'est Yves Mourousi le premier qui avait lancé la mode au milieu des années 1970. En le remplaçant à la fin des années 1980, j'ai continué pendant quelques années au rythme d'un tous les quinze jours environ. L'un des plus beaux ? Certainement celui aux Saintes-Maries-de-la-Mer en Camargue, lors du traditionnel pèlerinage des Gitans les 24 et 25 mai. J'étais au milieu d'eux et ils m'avaient accepté d'emblée. Musique et chants traditionnels magnifiques pendant tout le journal.

J'entends encore leurs voix rauques, puissantes et envoûtantes. Jouant de la guitare, tapant du pied, ils m'emportent. Pendant quelques minutes, j'ai l'impression de faire partie de leur famille. Un très beau moment de convivialité et de ferveur.

J'ai aussi le souvenir de journaux bien plus tristes, au cœur d'événements dramatiques, notamment celui du 4 octobre 1988 à Nîmes au lendemain des terribles inondations. La ville avait été dévastée par des torrents de boue. On recensait au moins neuf morts et des dégâts considérables. Il fallait que nous soyons sur place par solidarité envers les victimes. On a bâti un journal spécial, préparé en quelques heures, pour être en direct devant et dans la mairie, transformée en centre de secours. Je me revois, dans la boue, au milieu des sauveteurs exténués par une nuit de travail acharné.

Même chose, quelques années plus tard, dans la tristement fameuse rue Bernadette à Toulouse, juste après l'explosion de l'usine AZF du 21 septembre 2001. Un hangar contenant trois cents tonnes d'ammonitrates avait pris feu. Bilan catastrophique : trente morts, entre deux et trois mille blessés, de terribles dégâts, une cité durablement traumatisée. C'est Sylvain Dhollande, copain de promotion à l'École supérieure de journalisme de Lille, et correspondant de TF1 à Toulouse, qui avait tout organisé cette fois. Un journal particulièrement poignant là aussi, comme la semaine précédente à New York, où le patron de l'information, Robert Namias, m'avait envoyé avec Patrick Poivre d'Arvor au lendemain des attentats du World Trade Center.

Je me rappellerai toujours ce voyage rocambolesque de dix-sept heures pour arriver jusqu'à ce quartier meurtri de Manhattan. L'espace aérien américain était totalement fermé. À bord de deux petits jets privés loués à la demande de Robert Namias, nous avions dû voler jusqu'à Terre-Neuve au Canada, où nous étions arrivés presque à court de carburant, puis vers Montréal avant de gagner enfin New York en voiture, en roulant toute une nuit. Imaginez un convoi silencieux de six grosses voitures en file indienne, chacune bourrée de matériel. On se serait cru dans un film d'espionnage. Avec ma chef d'édition Chantal Monteil, avec qui j'ai partagé d'innombrables événements et grands directs, nous avons enregistré plusieurs plateaux dans les rues de New York, devant l'hôpital où des dizaines de photos de disparus avaient été accrochées par des proches. Partout, des centaines de bougies allumées sur le sol et des gens à genoux, dans certains espaces verts, qui priaient sans relâche. Quantité de bougies aussi devant une caserne de pompiers dont tout le personnel avait été tué en gravissant les escaliers juste avant l'effondrement des tours jumelles quelques heures plus tôt. Surtout, une chape de plomb, un silence retentissant. Partout. Totalement inhabituel pour la ville qui ne dort jamais. Çà et là, des chars de l'armée postés sur les grandes artères, des policiers en armes en patrouille. Nous avons découvert une ville en état de choc.

Et le reste de notre journal en direct, au petit matin là-bas, grâce à un responsable de production formidable qui deviendra un ami, Jean-François Tissot. Le portable greffé à l'oreille, la passion pour son métier dans les veines, il avait fait des miracles pour que TF1 puisse obtenir la liaison avec Paris. Et il y était parvenu. En regardant Jean-François se démener de la sorte, j'avais compris qu'il avait besoin de décompresser de temps en temps. Voilà sans doute pourquoi il demeura longtemps le plus grand amateur de pêche à la ligne de la chaîne !

33 ans avec vous !

Avec lui, nous ferons également d'autres opérations spéciales dont un agréable journal en direct de Munich, lors d'une demi-finale de Coupe du monde de football avec les Bleus début juillet 2006, aux côtés de Caroline Henry pour qui c'était le baptême du feu d'un JT en direct. Heureusement, il n'y a pas que des événements dramatiques !

En ce 5 juillet, nous étions devant une taverne avec des supporters de l'équipe de France. Un orchestre bavarois mettait une ambiance de folie et c'est Jean-François, caché derrière un arbre, qui battait la mesure. C'est peut-être lui qui a porté chance à nos joueurs puisque nous sommes allés en finale cette fois encore.

Ce sont justement les Bleus et une autre Coupe du monde qui m'ont permis de battre un record absolu d'audience à la mi-journée : 12 millions de téléspectateurs le 13 juillet 1998 au lendemain de leur inoubliable victoire contre le Brésil au Stade de France. Je me revois dans le sous-sol de la Fédération française de football à Paris, où nous avions installé notre studio en déplaçant deux plantes vertes pour dissimuler la porte des toilettes. J'avais même le trophée – le vrai – de six kilos en or dix-huit carats juste à mes côtés. Je suis sans doute l'un des rares journalistes à l'avoir touché !

Les joueurs et leurs épouses avaient été conviés à déjeuner par la Fédération. Ils me rejoignaient, un à un, pour commenter les dizaines de reportages que nous avions tournés durant la nuit, montrant l'incroyable liesse que leur exploit avait déclenchée. Sur mon écran de contrôle, l'image en direct des Champs-Élysées. L'avenue se remplissait peu à peu d'une foule incroyable. Vers 13 h 30, l'un des joueurs qui était avec moi appela tous les autres : « *Venez voir, c'est dingue ! C'est noir de monde !* » Ils ont tous rappliqué et m'ont entouré pendant un bon moment, incrédules devant la ferveur populaire qu'ils avaient suscitée. Certains m'ont confié qu'ils n'avaient réalisé l'ampleur de leur performance qu'en regardant cet écran minuscule où la foule semblait déborder de l'image. Plus tard, quand nous sommes sortis enfin du sous-sol, le trottoir devant la FFF était bondé, lui aussi. C'est là qu'on a entendu pour la première fois le refrain *« Et un, et deux… et trois zé-ro »*, repris en chœur par les gens agglutinés. C'était une immense fête populaire, spontanée, délicieusement contagieuse.

Je pourrais sans doute raconter des dizaines de journaux comme ceux-là. Chacun a été différent. Certains compliqués, d'autres plus simples, mais à chaque fois, pour moi, le plaisir de partager quelque chose d'exceptionnel avec mon équipe et avec les téléspectateurs. À Naqoura au Liban, en pleine guerre, dans le camp des Casques bleus avec Patricia Allémonière et mon réalisateur Jean-Pierre Janiaud. Nous avions débarqué avec nos deux tonnes de matériel dans un hélicoptère de l'armée qui, en s'approchant de la côte libanaise, ne cessait de larguer des leurres pour éviter les tirs de missiles. Sacré souvenir !

Un autre journal en direct m'a marqué, avec Christian Brincourt au sommet de l'aiguille du Midi. Christian, qui avait planté le drapeau de TF1 avec Jean-Claude Odin au sommet de la Nanda Devi dans l'Himalaya à 7 800 mètres d'altitude en 1975, avait eu l'idée de me faire présenter le journal télévisé le plus haut jamais réalisé. Nous avions des invités de choix : Maurice Herzog, le premier alpiniste à avoir gravi un sommet de 8 000 mètres, l'Annapurna, en 1950, l'année de ma naissance, avec les deux derniers survivants de son extraordinaire ascension. Un cadre absolument splendide pour ce journal hors du commun face au Mont-Blanc. Pas de chance, un petit nuage malicieux s'est posé sur nous à 13 heures pile. Il n'est reparti qu'à 13 h 45, au moment où je rendais l'antenne. Pendant quarante-cinq minutes, on n'y voyait pas à deux mètres !

Et puis je n'oublierai jamais Tchernobyl. C'était en avril 1990, quatre ans après la catastrophe nucléaire survenue dans cette centrale d'Ukraine. Officiellement, l'explosion du réacteur numéro 4 en avril 1986 avait provoqué la mort directe et indirecte de 40 000 personnes. Et pendant quatre ans, aucune équipe de télévision occidentale n'avait été autorisée à l'approcher. C'était sans compter sur la pugnacité de Françoise-Marie Morel, grand reporter dans mon équipe à cette époque, qui disposait de nombreux contacts dans les milieux scientifiques. Françoise-Marie était arrivée quelques jours avant moi près de cette centrale maudite où, avec son cameraman, elle avait poussé l'audace jusqu'à demeurer une minute entière au cœur du réacteur calciné. Bien sûr, tous deux étaient emmitouflés de la tête aux pieds dans des combinaisons blanches étanches, mais tout de même… La radioactivité était tellement forte qu'elle avait formé des éclairs sur la bande magnétique, détruisant au passage des bribes d'images.

Pour ma part, même à l'extérieur devant le bâtiment éventré, je n'en menais pas large pour enregistrer un premier plateau avec notre réalisateur Jean-Pierre Janiaud. De temps en temps, je jetais un œil inquiet sur le cadran de mon compteur Geiger qui ne cessait de crépiter. Je regardais aussi le ballet incessant des véhicules spéciaux qui arrosaient la route pour que les nombreux ouvriers travaillant sur le site ne respirent pas trop de poussières radioactives. Non loin de là, se déployait pourtant une campagne magnifique, avec ses cerisiers en fleurs, ses isbas aux volets colorés et ses prairies à perte de vue.

À quelques kilomètres, la ville fantôme de Prypiat. Une cité de 50 000 habitants totalement déserte. Une trentaine d'heures après l'explosion, Prypiat avait été entièrement évacuée avec interdiction absolue d'emporter quoi que ce soit. Même pas les jouets des enfants ni les cahiers d'écoliers, abandonnés eux aussi avec tout le reste. Je n'oublierai jamais ce que j'ai vu ce jour-là dans un silence pesant, curieusement brisé par quelques haut-parleurs crachant un peu de musique dans les rues désertes, sans doute pour que les gardiens chargés d'empêcher les pillages ne deviennent complètement fous dans un environnement pareil.

Ah Tchernobyl et ces fameuses informations officielles de l'époque faisant croire aux Français que le nuage radioactif s'était arrêté à nos frontières ! Un drôle de souvenir qui me revient aujourd'hui encore à l'esprit quand j'entends des informations curieuses. C'est sans doute de là que me vient cette manie de demander à mes équipes de tout vérifier.

En tout cas, que de directs et d'opérations spéciales pendant ces trente-trois ans ! Elles m'ont parfois conduit à côtoyer nos présidents de la République. J'ai déjà raconté mon duplex avec François Mitterrand, dont l'audience s'est avérée catastrophique. Ça n'a pas du tout été le cas avec quelques-uns de ses successeurs. Le dernier en date, c'est Emmanuel Macron, qu'avec Thierry Thuillier nous avions convaincu de participer au 13 Heures en direct d'une petite école. Nous lui avions proposé de sortir du cadre habituel de telles interviews, l'Élysée ou les plateaux de télévision, pour venir dans « l'univers » du 13 Heures : les régions. Et dans les régions, le premier symbole de la République ce sont justement les écoles.

Nous voilà donc dans l'Orne, dans l'école de Berd'huis, 1 100 habitants, pour un moment important tant la situation politique demeure tendue : une bonne partie de l'opinion n'a pas du tout apprécié le passage aux fameux 80 km/h, les retraités n'ont pas aimé non plus l'augmentation de la CSG sur leurs pensions, les cheminots s'inquiètent de la réforme programmée de leur statut, et les derniers de cordée ont peur de rester scotchés en bas de la pente... Un peu partout la colère gronde, et avec mon équipe il nous semblait important d'obtenir des réponses claires du chef de l'État.

Nous étions face à face, sans table pour nous séparer, dans l'une des classes transformée en studio. J'avais souhaité que l'entretien soit entrecoupé de courtes interventions enregistrées avec des Français mécontents. Emmanuel Macron n'a éludé aucune question. Plus de 8 millions de téléspectateurs nous ont regardés ce jour-là. Ce qu'ils n'ont pas vu, en revanche, c'est qu'après le journal, le Président, très détendu, a passé deux bonnes heures, seul, avec les enseignants et les enfants des classes voisines pour discuter et les remercier de leur accueil. Il profitait pleinement de ce moment, et moi aussi, d'autant plus que nous avons aussi eu le temps de parler tranquillement de notre bonne ville d'Amiens.

J'ai beaucoup aimé cette interview « vraie », comme j'avais particulièrement apprécié deux émissions avec l'un de ses prédécesseurs, Nicolas Sarkozy, avec qui Emmanuel Macron a d'ailleurs un point commun qui m'a marqué : l'envie permanente de convaincre et d'entamer de vrais dialogues, sans filtre, avec les Français.

Avec la directrice de l'information de l'époque, Catherine Nayl (et ancienne rédactrice en chef du 13 Heures), nous avions proposé au président Sarkozy un concept nouveau : le chef de l'État en direct face à des Français que choisirait la rédaction de TF1 sur des thèmes très concrets, tels que l'agriculture, la santé, l'emploi, la sécurité, le pouvoir d'achat ou le système scolaire. Et un soir de janvier 2010, nous voilà dans l'arène, en direct pour la première de « Paroles de Français ». Quelques minutes auparavant, le Président était passé en coulisses pour saluer avec beaucoup de chaleur les participants et les rassurer : *« N'ayez aucune crainte. Posez-moi toutes les questions que vous voulez ! Allez-y, je suis là pour répondre. »*

Avec nous, un syndicaliste qui ne mâchera pas ses mots pendant l'émission, une productrice de lait très en colère, une jeune diplômée sans emploi, un artisan écrasé par les impôts, une infirmière… Dix personnes, des vrais gens, et un dialogue très direct sans qu'aucune question n'ait été préparée à l'avance. J'avais d'ailleurs été surpris de la totale liberté que nous avions eue pour tout organiser. En me recevant à l'Élysée quelques jours avant, le Président m'avait dit la même chose qu'aux Français avec qui il allait dialoguer. *« Allez-y, Monsieur Pernaut. Faites comme vous voulez, je suis votre invité !* » Ce soir-là encore, plus de 8 millions de téléspectateurs. Un très joli succès et pourtant, tous les commentateurs avaient décrié l'émission : *« Comment ?!! Sarkozy parle directement aux Français ?! Et nous, journalistes politiques, à quoi on sert ? Et face à Pernaut en plus ? Il n'est même pas journaliste politique ! »*

La formule avait plu au Président et à nous aussi. Un an plus tard, nous avons donc récidivé avec d'autres invités, d'autres Français choisis par notre rédaction. Ce soir-là, un chef de l'État toujours aussi à l'aise avec eux et une audience toujours formidable. Quelques jours plus tard, nous étions tous invités à déjeuner au palais de l'Élysée. Tous, c'est-à-dire les participants aux deux émissions et moi, seuls avec le Président. Trois heures de discussion à bâtons rompus autour de l'immense table du salon des Ambassadeurs où se tient habituellement le Conseil des ministres. Nicolas Sarkozy qui, en les accueillant dans un petit salon voisin, se souvenant un an après des noms, des prénoms et des problèmes de tous les participants à la première émission, leur demandait des nouvelles, en faisant la bise à quelques-uns. J'ai été bluffé. Un président de la République sincèrement heureux d'être avec de vrais gens, faisant tout pour les détendre, allant même jusqu'à leur proposer quelques selfies et autographes après notre excellent déjeuner.

Macron, Sarkozy. Ils ont donc ce point commun, que devait aussi avoir Jacques Chirac, même si je n'ai jamais eu l'occasion de faire une émission spéciale avec lui, en tant que Président. Je l'ai invité, une seule fois, au 13 Heures lorsqu'il était candidat à la présidence de la République. Plus tard, à l'occasion d'un de mes « 7 d'Or », en 1999, il m'adressa un charmant message qui m'a beaucoup touché : « *Mes félicitations les plus vives. Vous avez su imprimer un esprit particulier au journal télévisé, avec cœur et humour, au plus près des préoccupations des téléspectateurs, les invitant à porter un regard différent sur l'actualité.* » Et il terminait par ces mots : « *Personnellement, je regarde toujours votre journal avec beaucoup d'intérêt quand j'en ai le loisir* ».

Je peux vous dire que j'ai été épaté et flatté. Et quelle émotion vingt ans plus tard d'annoncer moi-même sa mort le 26 septembre 2019 ! La nouvelle était tombée puis officialisée en fin de matinée. Il fallait bien évidemment préparer et organiser très vite une édition spéciale dès 13 heures. Comme pour chaque événement important ou grave, la rédaction de TF1 sait parfaitement se mobiliser autour du présentateur.

Des reportages, des directs, les archives, les réactions, des invités sur le plateau. Une énorme machine où chacun, en quelques minutes, doit savoir exactement ce qu'il a à faire, sans discuter ni tergiverser. Pas le temps. L'antenne d'abord. Tout en direct.

Ce jour-là, je crois que nous avons rendu un très bel hommage à l'ancien Président avec Adrien Gindre, le chef du service politique de TF1. C'est avec lui aussi que, quelques jours avant mon dernier 13 Heures, j'ai annoncé la mort d'un autre ancien président de la République, Valéry Giscard d'Estaing, décédé de la Covid-19 la veille, à l'âge de 94 ans. Une fois de plus un bel hommage, rempli d'émotions tant les souvenirs de l'époque de sa présidence me sont revenus à l'esprit. Il y a quarante-cinq ans, j'étais présentateur du journal de la nuit sur TF1 pendant son septennat, avant de suivre sa campagne électorale de 1981. Lors de cette nouvelle édition spéciale aux côtés d'Adrien, j'ai mesuré la chance que j'ai eue de traverser presque un demi-siècle de notre histoire à la télévision.

C'est une aubaine à TF1 d'avoir près de nous de grands spécialistes comme Adrien pour enrichir ces éditions spéciales. Cela a été aussi souvent le cas avec François Bachy ou Christophe Jakubyzyn pour des événements politiques, avec Michel Scott ou Patricia Allémonière pour des spéciales internationales, Georges Brenier, Ani Basar et avant eux Pierre Baretti pour des attentats ou des catastrophes, sans oublier le regard économique de Jean-Marc Sylvestre puis de François-Xavier Pietri pendant de longues années, avant que François Lenglet nous rejoigne. Chacun d'entre eux, et beaucoup d'autres, ont constamment enrichi le journal et moi-même de leurs connaissances. Ensemble, nous avons passé des heures et des heures en direct et en improvisation totale pour des dizaines et des dizaines de journaux spéciaux. Le plus long direct pour moi ayant été lors du déclenchement de la première guerre du Golfe, dans la nuit du 17 janvier 1991.

Étienne Mougeotte avait aussitôt interrompu tous les programmes. À 13 heures, en arrivant à l'antenne, je n'imaginais pas que j'y resterais sept heures d'affilée ! Heureusement pas seul, mais avec nos deux grands spécialistes de l'époque, Dominique Bromberger et Régis Faucon, et tous les envoyés spéciaux dans le désert, de Christian Brincourt à Maurice Olivari, de ce cher et regretté Patrick Bourrat à Marine Jacquemin. Encore un direct sans filet extraordinaire !

Sept heures aussi beaucoup plus récemment, le 6 décembre 2017. Au petit jour, nous apprenions la mort du « taulier », Johnny Hallyday. Il représentait plus de cinquante ans de ma vie comme de celle de millions de Français. Émotion immense en arrivant le plus vite possible à TF1. Nous le savions malade. Nous ne pouvions imaginer qu'il était parti pour toujours. « *Jean-Pierre, tu prends l'antenne dès que tu peux et tu y restes aussi longtemps que tu peux* », me lance Thierry Thuillier.

Philippe Perrot est là aussi, en régie. Depuis des années, il est aux manettes pour tous les grands événements, sachant jongler avec les sujets et les journalistes en direct même quand ils sont des dizaines à vouloir intervenir. C'est lui, dans l'oreillette, qui est le phare, la bouée de sauvetage du présentateur. C'est le maître de cérémonie. Tel sujet est prêt, telle séquence doit être montrée, tel journaliste peut intervenir. Bref, si le présentateur paraît solide, c'est qu'il a quelqu'un de solide derrière lui. Et avec Philippe, c'est toujours un vrai bonheur.

Ce jour-là donc, en dépit de sa présence, c'est les larmes aux yeux que j'annonce la nouvelle à ses fans. « *Johnny est mort.* » Je crois n'avoir manqué aucun de ses grands concerts depuis une vingtaine d'années. Moi aussi je suis fan et je vibre ce matin-là en réécoutant ses chansons. Je vibre et je suis très triste. Toute la matinée, avec Philippe Perrot, nous diffuserons des dizaines de tubes, nous entendrons des dizaines de réactions d'autres fans, de ses amis, connus ou anonymes. Les spécialistes défileront sur le plateau autour de notre ami Santi, responsable de la musique à TF1 et grand fan lui aussi du « taulier ». C'est un coup de tonnerre qui nous touche au cœur, et je suis ému comme les autres. Impossible pour moi de prendre un minimum de recul. Je suis triste, et ça se voit à l'écran. Je le serai aussi le samedi suivant en présentant l'émission spéciale pour suivre ses obsèques, en compagnie d'Anne-Claire Coudray. C'est la première fois que je me retrouve en direct avec elle. Ça a été un direct fabuleux rempli de tellement d'émotions. Nous n'avions pas grand-chose à dire. Seulement regarder et écouter…

De Johnny à l'Irak, des obsèques de Yasser Arafat à quantité de cérémonies aux Invalides ou ailleurs, d'élection en élection, mais aussi malheureusement d'attentat en attentat, j'ai vibré à chacun de ces directs, et il y en a eu des dizaines. J'y vais toujours sans le moindre papier, sans avoir écrit quoi que ce soit, mais, si j'en ai le temps, après avoir lu un maximum de choses sur le thème qu'on va aborder. Ensuite, il me faut quelques instants de concentration, je respire un grand coup… et c'est parti. J'adore improviser, parler aux gens qui nous regardent, leur parler avec les spécialistes qui m'entourent. Ensuite, c'est juste une question de rythme, d'expérience et de confiance envers tous ceux qui font fonctionner la machine en régie.

Pour le journal, mon grand bonheur a aussi été de faire quelques belles rencontres sur le plateau. Essentiellement des sportifs français d'ailleurs : Alain Prost, David Douillet, Sébastien Loeb, Teddy Riner, tous les champions et championnes de handisport comme notre multimédaillée olympique de ski Marie Bochet, sans oublier les joueurs de l'équipe de France de rugby après une Coupe du monde. Ils avaient tous réussi à rentrer sur le plateau, serrés comme des sardines. Ils ne sont pourtant que quinze, mais ce sont de très solides gaillards et ils « remplissaient » totalement notre grand studio. Dans le même espace, on fait régulièrement entrer trente-deux candidates à l'élection de Miss France !

Depuis quinze ans, c'est un rituel du 13 Heures. J'ai toujours adoré l'atmosphère de ces élections : j'ai d'ailleurs été membre du jury à Monaco en décembre 2000, puis j'y ai rencontré pour la première fois Nathalie l'année suivante à Mulhouse. Nous étions côte à côte dans le public, et j'ai ressenti ce soir-là un vrai coup de foudre. Nous nous sommes amusés comme des fous pendant toute l'émission. Le réalisateur ne s'est pas privé de nous montrer à l'antenne à plusieurs reprises, et tous nos amis respectifs ont vu notre complicité…

Chaque année en tout cas, avant la grande soirée brillamment présentée par mon ami Jean-Pierre Foucault, en novembre, Sylvie Tellier, élue Miss France le jour de ma rencontre avec ma femme et désormais brillante patronne du comité Miss France, vient sur le plateau nous présenter toutes les candidates à l'élection du mois suivant. Trente ou trente-deux Miss régionales à nos côtés. C'est la première fois qu'on les voit toutes ensemble. Tous les ans, c'est un bonheur pour moi de les recevoir, sauf cette maudite année 2020 où, pour cause de virus, nous en avons été privés. Il a fallu se contenter d'un duplex avec Sylvie et toutes ces jeunes femmes enfermées dans leur « bulle anti-Covid » d'un grand hôtel près de Versailles. Là encore, n'en déplaise aux grincheux, j'adore ce moment, comme j'aime recevoir depuis quinze ans, au lendemain de l'élection, la nouvelle Miss France pour sa première interview télé. Ça a toujours été de très belles rencontres. Je ne suis pas le seul, car les audiences de ces journaux « spéciaux » avec les Miss sont toujours très belles. Cela fait partie aussi des « fondamentaux » du 13 Heures que je suis très fier d'avoir portés.

7

MA FAMILLE DU 13 HEURES

Le journal se prépare de manière immuable avec ma petite équipe. Chaque matin, le premier arrivé au bureau est Mehdi Chebana. Dès 6 heures ou 6 h 30, il épluche toutes les infos de la nuit et jette un coup d'œil à la presse régionale du matin, prioritaire pour nous. Il commence à préparer ses dossiers sur les grands événements qu'on ne manquera pas d'aborder. Mehdi est aussi le gardien de ce que j'appelle « les fondamentaux » de ce journal : « Jean-Pierre, tu as vu que demain c'est la Saint Louis ? N'oublions pas les joutes de Sète ! »

Jamais Medhi ne manque ces dates et ces rendez-vous incontournables de notre édition. En fait, il est mon « double » comme l'a été pendant vingt ans avant lui Marie-Jo Planson, notre nouvelle crêpière bretonne de Matignon.

Dans notre jargon, leur fonction s'appelle « assistant du présentateur ». Toute la matinée, ils appelleront les équipes qui sont parties en reportage pour connaître la tonalité des sujets à venir, savoir l'endroit précis où ceux-ci ont été tournés. Ainsi, ils rédigeront des éléments de lancement pour chaque sujet dont le présentateur pourra se servir au moment d'écrire les siens. Mehdi ne me quittera pas jusqu'au journal, et c'est lui, sur le plateau, qui continuera de surveiller les infos pour enrichir le JT au fur et à mesure de son déroulé... ou pour le remanier entièrement si un événement important survient pendant le direct. Fonction indispensable car l'actualité et la vie ne s'arrêtent pas quand le journal commence. Je lui fais une confiance absolue.

Medhi est un journaliste expérimenté. Il m'a accompagné sur de nombreuses opérations spéciales avec un calme et une solidité à toute épreuve, de Sanary-sur-Mer à Sainte-Mère-Église en passant par la place de la Concorde pour les grands directs du 14 Juillet. En plus, c'est un voisin du Picard que je suis. Il est très attaché à sa Normandie et à ses pommes dont on fait un délicieux breuvage qu'il ne manque jamais de nous faire goûter quand il rentre de ses escapades dominicales du côté de Rouen.

C'est cela aussi l'ambiance du 13 Heures : ne jamais rater une occasion de nous détendre ou de déguster ensemble un bon produit régional, une tarte ou un gâteau, que l'un d'entre nous apporte le matin. Autrefois, dans nos vieux bureaux de la rue Cognacq-Jay, l'un de mes confrères n'hésitait jamais à réchauffer une choucroute… Mais depuis l'arrivée du coronavirus, l'ambiance est bien différente derrière nos masques, malgré l'inaltérable bonne humeur de Mehdi.

Nous avons heureusement droit aussi tous les jours et jusqu'à ces derniers mois au sourire et au dynamisme de Dominique Lagrou-Sempère. Je n'ai pas besoin de la présenter tant elle rayonne à l'antenne avec moi depuis quelques années. En dehors, elle est la même, gourmande de découvrir et de partager. Il n'est que de voir ses reportages dans lesquels elle sait si bien écouter les gens qu'elle rencontre et restituer ce qu'est la vraie vie.

Je me souviens notamment d'une très belle série que Dominique avait réalisée après la crise des Gilets jaunes sur ce que les sociologues appellent doctement « la diagonale du vide ». Dans chacun de ses reportages, elle nous montrait des habitants de cette France des oubliés, elle les faisait parler, se confier. J'en avais les larmes aux yeux en les découvrant. Dominique, elle, sait masquer les siennes. Malgré toutes les épreuves que la vie lui a infligées avec la maladie et la disparition de son mari Claude il y a quelques mois, elle a tenu à continuer et à nous faire partager son amour de la vie, aussi à l'aise en reportage que sur le plateau du journal ou lors de nos opérations spéciales. Nous formons un beau duo où nous ne cachons pas notre complicité.

Dominique aime les gens. Ça se voit, ça s'entend, et il n'y a rien de plus important dans notre métier si l'on veut rester proches d'eux. Elle a tout compris du 13 Heures et de l'attachement que nous portent les téléspectateurs. Elle le leur rend bien et s'investit pleinement en mettant toute sa passion dans presque toutes nos opérations spéciales, de « SOS Villages » à l'élection du « Plus beau marché » en passant par « Les coups de cœur de Noël » ou son émission « Au Cœur des régions ». Plus récemment, l'opération « SOS Commerces » pendant le deuxième confinement nous a valu des milliers de messages de remerciements de commerçants étranglés par des fermetures administratives parfois peu compréhensibles. Là aussi, Dominique et nos correspondants en régions ont mis tout leur cœur à mes côtés pour raconter les galères, mais aussi les idées formidables de ces commerçants pour essayer de relever la tête dans des moments si difficiles. Grâce à elle, grâce à son talent, nous nous sommes encore plus rapprochés des téléspectateurs et de leurs préoccupations, loin des mondanités et des fausses certitudes d'élites déconnectées. Pour nous, comme toujours, il s'agit de ne pas cacher le négatif pour mieux valoriser le positif de situations exceptionnelles, particulièrement dans cette période où une extraordinaire solidarité s'est nouée autour de ces commerçants dans des milliers de communes.

J'ai cité Mehdi et Dominique, deux atouts essentiels de ce journal, qui m'ont accompagné avec quelques autres pendant toutes ces années, simplement pour rappeler l'importance primordiale d'une équipe soudée afin de concevoir un journal télévisé différent et apprécié. Certes, dans un JT comme celui que j'ai dirigé pendant si longtemps, c'est toujours le présentateur qui recueille les lauriers – ou parfois les critiques –, alors que c'est vraiment un travail d'équipe où chacun respecte les autres, leurs qualités, leurs compétences particulières dans tel ou tel domaine, leurs envies aussi.

J'ai eu la chance d'être toujours très bien entouré par des journalistes et des assistantes à qui j'ai toujours fait une confiance absolue. Ah la bande de Gaulois digne du village d'Astérix ! C'est un peu ce que nous avons formé ensemble pendant de si longues années. Il aurait suffi de si peu de choses, un grain de sable ou un mauvais casting pour que tout s'écroule. Il m'est arrivé, rarement cependant, de commettre des erreurs. Je les ai toujours très vite rectifiées, jusqu'à cette trop longue absence du premier confinement et l'annonce de mon départ. En dépit de son succès, un journal et son audience restent fragiles, et j'ai toujours pensé que seule une équipe solide où chacun fait confiance aux autres peut préserver ce succès. Est-ce une vision passéiste ? Je ne le pense pas. Je crois avoir, sur ce point comme sur d'autres, pas mal de « pif ».

Chaque matin, avant la conférence qui regroupe les chefs des différents services, nous avons déjà arrêté nos choix essentiels autour de mes rédacteurs en chef. Cinq seulement se sont succédé à mes côtés depuis mon arrivée en 1988, dont Fabrice Decat, qui est resté fidèle au poste pendant trente ans. Le matin, donc, c'est en très petit comité que l'essentiel du journal se dessine : les choix ne sont jamais faciles dans une édition qui se veut différente. Pas de « suivisme » d'autres médias qui ont sans doute d'autres priorités, un autre public à informer. Après trente-trois ans d'expérience, j'ai la prétention de bien connaître celui de « notre » 13 Heures. En arrivant au bureau, on confronte nos idées, on essaie de se convaincre de la place à accorder à telle ou telle information. Pendant un tiers de siècle, ça a été mon grand bonheur et mon immense fierté d'avoir animé cette équipe en liaison, toujours, avec nos correspondants en régions.

Ce sont eux, les journalistes de terrain, qui savent si bien raconter la vraie vie, le ressenti des Français sur telle ou telle information : aujourd'hui, dix-neuf bureaux répartis dans l'Hexagone avec environ cent cinquante journalistes. Au début, à la fin des années 1980, ils n'étaient qu'une petite dizaine à avoir inventé ce métier de correspondant. Dix, quinze reportages à imaginer avec eux chaque matin en écoutant d'abord leurs propositions. Et leur dynamisme, leur implication dans ce qui est aussi « leur JT de 13 Heures » sont absolument formidables. Je ne peux pas tous les citer, et pourtant leurs noms, leurs voix sont indissociables du succès de ce journal.

Certains sont devenus de véritables amis comme Gabriel Natta, si longtemps correspondant à Nice. Il a d'ailleurs été mon témoin de mariage avec Nathalie. Pendant de longues années, il nous a fait partager l'amour de son pays. Non seulement il couvrait parfaitement l'actu chaude de la région mais, dès qu'il le pouvait, il se plaisait à nous montrer les « belles choses » qui lui tenaient à cœur : l'éclosion des premiers mimosas, les roses ou les pivoines des serres du Midi, son pote Louis-le-pêcheur qui connaît la Méditerranée comme sa poche, ou encore Dédé, le restaurateur du Rayol dans le Var, qui donne des leçons de cuisine et d'humilité avec son accent chantant. Lui aussi était un pilier de l'équipe. Gabriel est parti en retraite il y a quelques années. Aujourd'hui encore, ses remarques sur le journal sont toujours pertinentes, ses avis toujours étayés. Si j'ai un doute sur quoi que ce soit dans le journal, je sais que je peux appeler Gaby à tout moment. Le 13 Heures est aussi « son » journal, comme celui de tous les correspondants qui ont travaillé avec moi, tels Jean-François Garcia à Montpellier, Sylvain Dhollande à Toulouse et Michel Brunet avant lui, Jean-Yves Gros à Bordeaux et tant d'autres jusqu'aux jeunes d'aujourd'hui dont je me sens également si proche et qui m'ont envoyé de très jolis messages quand j'ai annoncé mon départ. En fait, toute cette équipe a formé une véritable famille de gens passionnés qui ont découvert, grâce au 13 Heures, l'art et la manière de savoir raconter la vie et de respecter les gens.

Grâce à chacun d'entre eux, et grâce aux quelques journalistes qui coordonnent leur travail à TF1, je n'ai jamais risqué de perdre le contact avec la réalité. Parce qu'ils sont en prise directe avec leur région, ils savent en permanence quel est l'état d'esprit réel des Français. Ils savent aussi ce qui peut les intéresser… ou les ennuyer.

Je me rappelle ainsi une séquence intense de trois semaines où toute la rédaction s'était mobilisée pour disséquer la guerre du Kosovo au printemps 1998. À force d'enchaîner les reportages dans cette zone tumultueuse de l'ex-Yougoslavie, nous avions fini par perdre un peu le fil avec l'Hexagone, tant et si bien qu'un jour, Gabriel Natta m'avait téléphoné : *« Tu sais, à Nice, ils en ont un peu marre ! Ils disent que ça commence à faire beaucoup, trois semaines sur le sujet… »* Dont acte. Sans pour autant stopper net la machine, j'avais compris qu'il fallait réajuster les curseurs, retrouver notre formule d'origine, fondée sur la proximité, l'empathie avec les gens, et les sujets qui les concernent ou les préoccupent directement.

Nous avons aussi été parfois moqués. Qu'importe ! Je suis fier qu'il m'ait été permis de vivre une aussi belle aventure. Nous l'avons partagée à l'antenne du journal, dans nos bureaux de Cognacq-Jay puis de Boulogne-Billancourt, mais aussi à l'extérieur de TF1. Des départs en retraite, des arrivées, des audiences record, des émissions spéciales réussies, des anniversaires… Jamais nous n'avons manqué une occasion de nous retrouver tous pour faire la fête, que ce soit Chez Michou ou au Moulin Rouge, à la Tour Eiffel ou au Musée des arts forains, sans oublier quelques sympathiques brasseries parisiennes et même une guinguette ou un bateau-mouche. Que de soirées magnifiques et de moments extraordinaires d'amitié et de convivialité qui nous ont marqués pour la vie ! L'équipe du 13 Heures et nos correspondants ont été pour moi comme une seconde famille.

Ma famille du 13 Heures

Aujourd'hui, c'est moi qui les quitte et ce n'est pas le journal qui va me manquer. Ce sont eux, et c'est d'abord en pensant à eux que j'ai versés quelques larmes impossibles à retenir le 18 décembre en souhaitant de tout cœur que l'esprit que j'ai pu insuffler soit préservé.

8

LE BON SENS PRÈS DE CHEZ VOUS

Je déteste me lever tôt. J'ai toujours été « du soir », comme on dit... Eh bien, j'ai été gâté depuis trente-trois ans : 7 000 réveils à 6 heures tapantes, départ de la maison vers 7 heures pour 30 à 45 minutes de bouchons sur l'autoroute A13 à l'ouest de Paris. Depuis une vingtaine d'années, j'ai la chance d'habiter presque à la campagne, au milieu des arbres que j'aime tant, comme lorsque j'étais enfant et adolescent dans mon petit village de Picardie. Les embouteillages d'Île-de-France le matin, on s'y habitue. On finit même par les apprécier et, finalement, c'est là mon seul moment de vraie tranquillité de la journée qui se termine tous les soirs vers 19 heures.

Dans ma voiture, je commence à imaginer ce que sera le 13 Heures du jour. J'écoute des radios, le plus souvent RTL, avec Yves Calvi depuis quelques années : les grands titres de l'actualité, les éditos toujours pertinents de François Lenglet, l'ami Louis Bodin à la météo, un peu de détente, le clin d'œil des « Grosses Têtes » (c'est l'exercice dans lequel je préfère Laurent Ruquier après l'époque Bouvard que j'appréciais tant). À cet instant, seul au volant, je suis bien. Je m'apprête à plonger dans le grand bain du journal en arrivant au pied de la tour de verre de TF1 à Boulogne-Billancourt. Celle que les « Guignols de l'info » avaient surnommée la « boîte à cons ». Boîte à cons peut-être, mais je suis très fier d'en faire partie.

Ah les Guignols ! Tout le microcosme de l'époque en disait le plus grand bien. J'ai toujours détesté et j'avais le culot de le dire. Certains étaient très fiers d'y avoir « leur » marionnette à leur effigie. Pas moi. J'ai toujours estimé que ce programme, bien pâle copie du « Bébête Show » de Stéphane Collaro, propageait un humour malsain. Les cibles étaient toujours les mêmes : les vedettes de TF1, la chaîne leader contre laquelle Canal+ tirait chaque soir quelques missiles sous couvert de plaisanteries, qui ne faisaient rire qu'un petit milieu très politisé qui se croyait très branché. Et plus les audiences de TF1 grimpaient, plus les Guignols, très logiquement, se montraient agressifs. On m'y faisait par exemple passer pour un abominable « facho ». Sans doute parce que les auteurs de ces sketches, qui avaient une bien curieuse conception de l'histoire, estimaient que s'intéresser aux gens et aux régions était forcément le signe d'un militantisme d'extrême droite. Ça ne me faisait pas rire. Et ma famille non plus. Les Guignols ont disparu. D'autres émissions les ont remplacés. Comme pour les bouchons de l'autoroute, c'est désolant, mais on s'y habitue…

Au 13 Heures, depuis trente-trois ans, le 1er mai, je parle du muguet, et le 2 novembre de nos morts et de nos cimetières. Début janvier, c'est la galette des rois ; début septembre, la rentrée des classes. C'est comme ça. J'aime les traditions et c'est sans doute l'une des raisons pour lesquelles l'attachement des téléspectateurs demeure si puissant. Ni mes correspondants, ni mon équipe, ni moi-même ne ratons jamais les premières neiges, ni les premières gelées. Nous montrons les vendanges et les moissons, les tempêtes, la Chandeleur et Mardi gras. Ce sont nos racines. Je veux rêver et faire rêver devant les plus belles crèches à Noël et les plus beaux œufs à Pâques. Si je peux envoyer une équipe filmer de temps en temps le mont Saint-Michel, la cathédrale d'Amiens ou la baie de Somme, tant mieux. Il faut aussi savoir savourer les belles choses, celles qui font que la France reste la première destination touristique mondiale. Aurait-il fallu renoncer à « couvrir » tout cela au motif que des émissions présumées branchées et des articles supposés intelligents écrits par des journalistes dans le vent ont si longtemps dénigré mes choix ? Bien sûr que non ! Bien m'en a pris, je m'en suis toujours moqué. Le 13 Heures n'est pas et n'a jamais été destiné à ces gens-là. Depuis combien de temps d'ailleurs n'ont-ils pas mis les pieds sur un marché, une place de village, dans une salle des fêtes ou une cour de ferme ?

Je m'arrête sur eux quelques instants dans ce livre, car l'occasion est trop belle. Quand je lis dans un grand journal du soir que j'incarne, selon un « spécialiste des médias », *« la France mythologique, des marchés et des clochers, de l'école en blouse et des déjeuners à la maison »*, les bras m'en tombent. Quel mépris ! Et quelle méconnaissance ou quel refus de voir en face les réalités de la vie ! Et quand je repense à cet « historien de l'audiovisuel » qui affirme que j'ai « *contaminé* » les autres journaux télévisés, je m'étrangle de rire. Tout cela me rappelle aussi une petite phrase particulièrement condescendante d'une ancienne journaliste du service public, Mémona Hintermann, devenue membre du Conseil supérieur de l'audiovisuel (CSA) de 2013 à 2019 : « *Le journal de Pernaut, c'est un peu la France des sabots et des forgerons, mais il faut bien aussi qu'elle soit vue…* » Ce « il faut bien »… À l'époque, ne sachant pas qui en était l'auteur, j'avais répondu sur Twitter : « *Qui peut dire ou écrire des conneries pareilles ?* »

Tout cela m'a toujours conforté, en fait, dans l'envie de faire un journal tel que je ressens les choses, un journal certes différent de la plupart des autres, mais au plus près de la vie des Français. C'est une histoire que je raconte chaque jour. Elle a un début, un milieu et une fin. Je vis ce journal comme chacun et non comme un animal froid, chargé de débiter des informations tout aussi froides. Bref, je suis comme tout le monde, et parfois, je réagis… Cette absence de téléprompteur qui gomme l'émotion me permet d'improviser après tel ou tel reportage.

Ah mes commentaires et mes coups de gueule ! Ils m'ont aussi valu bien des critiques. Ce ne sont dans mon esprit que des réflexions naturelles de bon sens et jamais je ne travestis la réalité. Combien de fois après le discours alambiqué d'une personnalité ai-je lâché à l'antenne « Pas facile à comprendre… », avant d'enchaîner sur un autre sujet. Si c'est confus ou que ça ne veut rien dire, pourquoi faire semblant d'avoir compris alors que les téléspectateurs, eux, n'ont rien saisi non plus chez eux ? Je partage des réflexions que se font les gens. Je suis naturel, « normal », proche d'eux. C'est ma marque de fabrique.

D'ailleurs, très souvent, quand je fais mes courses ou que je me promène quelque part, je croise des passants qui me font de grands sourires assortis d'un clin d'œil en levant le pouce : *« Merci, Jean-Pierre, de dire tout haut ce qu'on pense tout bas. Heureusement que vous êtes là ! »* Quelle différence avec les réactions des « bobos » dont je parlais plus haut ! Ça me surprend toujours, car j'ai le sentiment de ne faire que mon métier.

Je l'ai fait par exemple pendant le premier confinement, il y a quelques mois. C'était le 30 avril 2020, lors de mon « 13 Heures à la maison ». J'ai fait trois remarques en direct ur quelques incohérences que je venais de constater. Le matin, rompant exceptionnellement mon isolement pour un rendez-vous médical programmé de longue date, j'avais croisé des centaines de personnes agglutinées sur les trottoirs d'une ville voisine sans la moindre « distanciation ». La veille, au 20 Heures, nous avions montré un couple qui venait de se faire verbaliser sur une plage déserte où ils avaient osé se promener sans leur fameuse attestation de sortie. Quel contraste ridicule ! Ensuite, en rentrant chez moi, j'avais croisé la fleuriste de mon village, effondrée car elle n'avait pas le droit d'ouvrir sa boutique le lendemain, 1er mai, jour le plus important de l'année pour sa petite entreprise. Mais je venais de passer devant une grande jardinerie qui, elle, était ouverte avec un parking archi-comble. Encore une incohérence. Et au même moment, dans ma voiture, je venais d'entendre que la vente des masques était autorisée chez les buralistes mais restait interdite dans les pharmacies…

Journaliste, j'ai raconté brièvement ces trois anecdotes à l'antenne en faisant part de ma surprise devant tant d'incohérences. Elles ont aussitôt enflammé les réseaux sociaux, chacun y allant de son analyse. Je me voyais transformé en quelques minutes en adversaire du gouvernement. Je ne voudrais pas être à la place de ceux qui nous dirigent à travers une crise pareille. Il n'empêche que, quand quelque chose cloche, c'est bien à un journaliste de le faire remarquer, sans animosité pour autant. Un Tweet prétendait même que Nicole Belloubet, la ministre de la Justice, avait décidé de déposer une plainte contre moi. C'était une *fake news* bien sûr, mais la Toile continuait de flamber avec des milliers de messages de soutien. Incroyable…

Quelques semaines auparavant, au tout début de la crise, décidément incorrigible, j'avais déjà fait une petite remarque, de bon sens encore, après avoir entendu Sibeth Ndiaye, la porte-parole du gouvernement, affirmer sans rire l'inutilité des masques : « *C'est curieux*, avais-je dit à l'antenne, *dans d'autres pays, c'est le b.a.-ba de la protection.* » La suite a montré que j'avais raison, ce dont personne ne doutait, sans pour autant oser le dire.

Les gens que je croiserai ici et là, plusieurs semaines plus tard, me féliciteront encore pour avoir osé émettre ce qui ressemblait à des critiques des mesures sanitaires, dont ils constataient eux-mêmes les faiblesses. Au cœur de l'été, dans un village du midi, pendant mes vacances, une pharmacienne me reconnaît à son comptoir et me chuchote d'un ton complice :

– *Bravo, Monsieur Pernaut !*
– *Merci, mais pourquoi me dites-vous ça ?*

— Pour votre coup de gueule du confinement. C'est ce qu'on pensait tous. Bravo et merci !

J'ai repensé ce jour-là que le sondage me plaçant en tête des personnalités télé préférées des Français publié quelques semaines auparavant n'était pas sans rapport avec cette marque d'impertinence que l'on m'accolait, à ce « 13 Heures à la maison » regardé par plus de 7 millions de gens confinés, comme moi.

Ainsi, donner une information vraie mais n'allant pas « dans le sens du manche » avait été remarqué et apprécié. Il est vrai que c'est devenu assez rare dans une télévision où le moindre mot hors des clous déchaîne les réseaux sociaux. Pour ma part, travaillant en toute indépendance depuis si longtemps, sans complaisance ni déférence, cela me paraît naturel et normal. Je ne suis pas un relais de qui que ce soit ni de quoi que ce soit. Mon équipe le constate tous les jours au bureau en préparant le JT. C'est ma règle de conduite pour montrer la France telle qu'elle est, chercher et vérifier l'information, même « officielle », pour un JT pragmatique, factuel et proche de la vie des gens.

J'ai déjà raconté, et je me plais à le rappeler, qu'en arrivant à la tête de TF1, Francis Bouygues avait martelé qu'il n'y avait pas de grande chaîne de télé au monde sans information indépendante. Une indépendance que lui-même, comme son fils Martin qui lui a succédé et les trois présidents de TF1 qu'ils ont nommés, a toujours protégée. En trente-trois ans de direction et de présentation d'un des premiers journaux télévisés d'Europe, je peux témoigner n'avoir jamais subi la moindre pression, ni de ma hiérarchie ni des pouvoirs les plus divers, notamment des vingt-quatre gouvernements qui se sont succédé. On ne m'a jamais imposé quoi que ce soit. Seulement ce conseil en arrivant en 1988 : « *Sois toi-même et fais un journal plus proche des gens* ». Je ne les remercierai jamais assez de m'avoir laissé cette liberté et accordé leur confiance. À l'époque, c'était pour moi une immense bouffée d'oxygène après tant d'années de télé publique où ces mots n'existaient pas.

Mais faire un journal proche des gens, s'intéresser à la vie ne plaisait pas toujours à tout le monde. Quelques titres d'une presse, heureusement peu lue, que je qualifierai de « bien-pensante », et n'ont eu de cesse de qualifier mon travail de « poujado-populo-facho ». Je commettais sans doute un crime de lèse-institutions en m'adressant directement aux Français et, surtout, en les faisant s'exprimer dans un journal télévisé autrefois trop souvent réservé aux seuls « représentants de… ». Ce n'était pas ma conception de l'information. Ça ne l'est toujours pas. Est-ce être poujadiste que de défendre les commerces en milieu rural ? Est-ce être populiste que de donner la parole à des gens qui souffrent ? Est-ce être facho que de mettre en valeur les régions et les terroirs, nos rites et nos traditions ? Ce sont nos racines et les Français, comme moi, en sont fiers.

Ils n'aiment pas non plus qu'on leur raconte n'importe quoi. Je suis comme eux, et quand j'entends des informations surprenantes dans un reportage ou une interview, je ne peux pas m'empêcher de le souligner. Je me souviens d'avoir froncé le sourcil en entendant des politiques nous inciter à acheter des voitures à essence plutôt qu'au diesel. Remarque de bon sens : *« Mais alors, pourquoi le malus écologique est-il plus élevé pour l'essence que pour le diesel ? »* C'est ballot, non ?

Je me suis aussi beaucoup interrogé sur l'utilité d'imposer une réduction de la vitesse à 80 km/h sur les routes à la fin du printemps 2018 et sur celle de vouloir maintenant la limiter à 110 sur les autoroutes. Ridicule en terme de pollution dans l'un des grands pays les plus propres d'Europe – merci notre parc de centrales nucléaires !

Et curieux en terme d'accidentologie : sur les autoroutes, c'est la fatigue et l'endormissement qui provoquent le plus d'accidents. Il se trouve que j'aime la voiture, que j'ai parcouru plus d'un million de kilomètres en cinquante-deux ans de permis, et donc je pense pouvoir me permettre de me poser des questions que j'exprime de temps en temps. Ainsi, un jour, j'ai lâché dans un JT que « *pour être respectée, une règle devait être respectable et qu'en matière de limitation de vitesse, il fallait faire un grand ménage* ». Je ne comprends toujours pas que des portions d'autoroutes à deux fois quatre voies soient limitées à 50 km/h en région parisienne ou ailleurs, mais que sur des petites routes sinueuses en montagne, on puisse rouler à 80 voire 90. Je ne supporte pas que des radars soient placés n'importe où et non dans les endroits dangereux. La limitation à 80 a été une erreur. À ma connaissance, aucun bilan précis route par route n'a d'ailleurs été publié. Outre les responsables de la sécurité routière, j'ai aussi donné la parole aux opposants à la mesure, aux automobilistes eux-mêmes dans les régions. On a ainsi vu poindre bien avant les autres la contestation des Gilets jaunes.

Le 13 Heures essaie d'être là où il faut, quand il faut, partout en France, et ces fameux Gilets jaunes, ceux du début, nous les avons vraiment sentis arriver grâce à nos correspondants. Un vent de colère montait dans la France dite profonde qui se sentait oubliée et malmenée. Vous imaginez la réaction d'un villageois un peu âgé quand il entendait des Parisiens lui dire de faire du vélo pour moins polluer ? Vous imaginez la réaction d'un artisan qui ne cesse de se déplacer pour travailler quand il entendait un haut fonctionnaire lui donner des leçons de conduite alors que ledit haut fonctionnaire ne roule qu'avec un chauffeur ? Bref, la campagne grondait et personne ne l'entendait. Le projet de taxation supplémentaire du gasoil, la fameuse taxe carbone, a été la goutte d'eau qui a fait déborder le vase de la colère et des ronds-points si chers, pour d'autres raisons, à mon émission fétiche « Combien ça coûte ? ».

Mon intérêt particulier pour la sécurité routière – la vraie, celle des routes – a toujours amusé et parfois inquiété les membres de mon équipe. Moqueurs, ils m'ont offert un panneau de limitation à 80 km/h qui trône désormais dans mon bureau. Mais ils savent que lorsqu'une info, officielle ou non, nous arrive dans ce domaine, encore plus que dans d'autres, il vaut mieux la vérifier, et plutôt deux fois qu'une.

Il y a un autre domaine où j'aime démontrer mon indépendance d'esprit, me moquant de la bien-pensance ambiante, c'est l'environnement. J'ai été élevé à la campagne dans une famille de chasseurs. J'adore l'ambiance de la chasse, même si moi-même je ne l'ai jamais pratiquée par manque de temps – je faisais beaucoup de sport dans ma jeunesse. J'adore la nature et mon jardin que je passe volontiers des heures à contempler. Mon frère Jean-François, médecin, était, lui, un vrai chasseur, passionné. Il passait des nuits entières à observer les animaux du haut d'un petit mirador qu'il avait construit dans « son » bois. En plein hiver, quand il gelait à pierre fendre, je l'accompagnais parfois. Il apportait de l'eau ou du sel aux chevreuils et aux biches. Je n'ai jamais vu un écolo ni la nuit ni en hiver dans ce bois, ni dans les autres. Certes, aujourd'hui, on appelle souvent les chasseurs à la rescousse pour « prélever » des sangliers, devenus trop nombreux et qui causent d'énormes dégâts dans les cultures. Mais il pèse sur les médias une pression permanente pour qu'on ne parle pas de la chasse.

Vaille que vaille, je continue pourtant à diffuser des reportages aux dates importantes ou sur des traditions régionales très ancrées que pratiquent près de deux millions de Français. Là encore, je me moque complètement des bobos des villes qui voudraient modeler la société à leur image. Je me souviens de discussions qui duraient des nuits entières avec mes copains de l'École supérieure de journalisme (ESJ) de Lille dans ma petite chambre d'étudiant. On refaisait le monde comme tous les étudiants en journalisme. Déjà, je me démarquais de la plupart des autres…

Grands débats également sur les éoliennes. Elles saccagent les paysages, elles sont intermittentes – sans vent, elles ne tournent plus –, et je suis persuadé que la mode va s'éteindre comme elle s'est allumée. Partout en France, les oppositions s'organisent et plusieurs régions commencent à s'interroger. Silence de la plupart des médias. Pas du 13 Heures de TF1. Et à chaque reportage évoquant ces oppositions, je deviens la cible sur les réseaux sociaux de curieux lobbies, tant l'affaire doit être juteuse pour ceux qui l'organisent. On m'accuse aussitôt d'être un « climatosceptique ». C'est manifestement l'injure suprême. Éoliennes, énergies nouvelles

33 ans avec vous !

en général, voitures électriques – d'où vient le lithium des batteries et que fait-on des pièces usagées ? –, réchauffement climatique – il ne faisait pas plus chaud en 1945 ? et « Groënland » ne signifie-t-il pas littéralement la « Terre Verte » d'autrefois ?... Si on s'interroge, on ne peut qu'être un ennemi de la planète, bien sûr. J'aime raconter la vie, je pose des questions, j'ai envie d'avoir des réponses, j'ai besoin de comprendre et non de récolter des injures. Évidemment que la planète se réchauffe. Mais a-t-on le droit de savoir exactement pourquoi ? Et pourquoi culpabiliser autant les Français qui sont loin d'être les pires en matière de défense et de protection de l'environnement ?

Je découvre par exemple dans un reportage qu'après la fermeture de la centrale nucléaire de Fessenheim, on a dû acheter de l'électricité produite au charbon en Allemagne. C'est malin ! Faudrait-il le cacher pour ne pas gêner certains écologistes ? Et tant pis pour eux si à chaque épisode de pollution à Paris, je rappelle, carte européenne à l'appui, que cette pollution provient justement d'Allemagne et que les automobilistes du périphérique parisien n'y sont pour rien ou presque.

Le bon sens près de chez vous

Dans ce domaine, comme dans tous les autres, j'essaie de résister à la vague du politiquement correct, qui est une insulte à la liberté. Depuis tout petit, je ne cède jamais aux modes ni à un suivisme qui m'ennuie. Dans le 13 Heures, je ne manque pas non plus de grands événements régionaux qui ne sont pas bien en cour dans le Tout-Paris de la bien-pensance : les férias par exemple. À Nîmes, chaque année habituellement, on compte jusqu'à deux voire trois millions de spectateurs et de fêtards pour la Pentecôte ! Bien évidemment, nous couvrons l'événement, l'un des rassemblements populaires les plus importants de l'année dans les régions, au même titre que le carnaval de Dunkerque, la braderie de Lille ou les joutes de la Saint-Louis à Sète. Pourquoi devrais-je occulter la féria de Nîmes ou celle, célèbre aussi, de Vic-Fezensac dans le Gers ? Chaque année, après la diffusion de ces reportages, je reçois de multiples messages d'injures et de menaces d'une violence inouïe. Je comprends que des gens n'aiment pas les corridas – pour tout vous avouer, je ne les aime pas non plus –, mais ce n'est pas à moi de passer sous silence des événements qui passionnent des millions de gens. De quel droit ? Leur engouement, leurs traditions se respectent, et ça aussi, c'est la liberté.

J'aime en revanche le sport automobile. Une histoire de famille. Mon père, mon frère le pratiquaient. Mes deux fils se passionnent pour lui également et j'ai accompagné mon aîné dans de nombreuses courses sur glace ou sur circuit pendant une quinzaine d'années. Je ne suis pas le seul à apprécier. Il y a toujours un public de folie sur les routes du rallye de Monte-Carlo, du Tour de Corse ou aux 24 Heures du Mans. Le monde entier se passionne pour la Formule 1 et la France a fait la fine bouche pour construire un nouveau circuit il y a quelques années du côté de Marne-la-Vallée. Aujourd'hui, les bien-pensants se bouchent le nez quand notre Grand Prix rescapé peut se courir une fois par an au Castellet dans le Var. Pourtant, la F1 et toute la course auto, ce sont des milliers d'emplois à la clé et des progrès considérables au fil des années sur les voitures en termes de sécurité comme de pollution. Mais on se bouche le nez en préférant le vélo… jusqu'à l'énormité de la fin de l'été : un écolo fraîchement élu dans la troisième ville de l'Hexagone fustige le Tour de France cycliste parce qu'il pollue aussi. Un comble…

Tout cela ne m'a pas empêché de suivre souvent l'actualité du sport automobile dans le 13 Heures depuis trente ans. Je suis l'un des derniers. Mais je ne serai pas – je l'espère – le dernier à avoir montré des sapins de Noël, qui gênent aussi visiblement un autre élu local écologiste d'une grande métropole.

La chasse, le sport automobile, les férias, les limitations de vitesse, les radars mal situés... c'est tout ? Non. J'avoue bien manger, j'adore le foie gras, la tête de veau... et les cuisses de grenouilles, ce qui horrifie Brigitte Bardot, dont j'admire autant la personnalité que la carrière ainsi que son combat en faveur des animaux. J'apprécie les bons vins et ne manque jamais de suivre l'actualité si belle et si riche de notre monde viticole. N'en jetons plus ! Vous avez compris, et sans doute remarqué depuis bien longtemps, que je me moque éperdument de la bien-pensance et du politiquement correct. N'est-ce pas aussi une clef essentielle du succès du 13 Heures ?

Chaque matin depuis trente-trois ans, quand j'arrive au bureau après mes quarante-cinq minutes de bouchons, de solitude et de réflexion dans ma voiture, mon équipe se demande ce que j'ai bien pu trouver ou entendre comme « info qui gratte » ou qui gêne aux entournures. Jamais de suivisme mais de la curiosité et surtout, toujours, l'obsession d'être au plus près des préoccupations des gens qui nous regardent et des questions qu'ils se posent. Chaque jour, on essaie de leur apporter quelques réponses. Encore faut-il les trouver… Ma recette est simple : aller là où il faut pour filmer des réalités. Coups de fil aux correspondants. Eux vont chercher, et ils vont nous montrer. Avec eux, comme le disait Michel Brunet, ancien correspondant lui-même et coordinateur de leur travail à mes côtés pendant de longues années : *« Grâce à notre réseau, c'est simple comme un coup de fil »*. Être au plus près de la vraie vie. Pas dans les couloirs des ministères ou des administrations, ni les yeux rivés sur certaines chaînes d'info en continu.

Ce journal différent énerve pourtant, depuis toujours, certains adeptes de la pensée unique. Autrefois, il déchaînait la vindicte de quelques éditorialistes. Mais depuis quelques années, les réseaux sociaux sont entrés dans la danse. Et quelle danse !

J'ai été l'un des premiers à m'en servir. Facebook, Twitter… J'y ai vite ouvert des comptes pour dialoguer sans filtre avec nos téléspectateurs comme je l'avais fait en son temps en créant un site Internet quand ce nouvel outil balbutiait, pour suivre aussi l'actualité sur des sites sérieux d'information. Au fil des ans, les réseaux sociaux se sont développés. Certains d'entre eux, hélas, sont devenus de vraies poubelles de haine et de violence. Il faut avoir le cœur bien accroché parfois ! Protégés par l'anonymat, beaucoup trop osent publier des messages d'une brutalité rare. Et les fausses informations qui pullulent s'y répandent sans contrôle comme une traînée de poudre. Il suffit par exemple qu'un inconnu abonné à Twitter n'ait pas apprécié un sujet ou une remarque que j'aurais pu faire au 13 Heures et qu'il écrive « Pernaut a dérapé » pour que le dérapage soit avéré. Le réseau s'agite, des milliers d'autres inconnus « retwittent », ça se répand de manière virale. Le comble est que la plupart du temps la presse dite sérieuse, en découvrant le buzz, reprend l'information, « le dérapage de Pernaut », sans chercher à creuser le fond de l'histoire. Le buzz devient l'actu ! Et là, on pourrait dire que « c'est simple comme un clic » !

Les réseaux font et défont des réputations à la vitesse de l'éclair. Je me souviens en avoir été la cible à de nombreuses reprises. Un jour, par exemple, après la diffusion d'un reportage sur les congés des cheminots à la SNCF. Aussitôt, des milliers de Tweets, partis d'un seul, ont dénoncé un dérapage du 13 Heures concernant le nombre de jours de congé que nous avions attribué dans le commentaire. C'était le bon chiffre, mais Twitter en avait décidé autrement. C'est ce que le CSA nomme des « signalements ». Il a fallu se justifier à n'en plus finir auprès des sages de cet organisme « indépendant » bien sensible à ce qui traîne dans les poubelles.

Une autre fois, le CSA s'était également ému d'un déferlement de messages sur les réseaux après une information pourtant banale donnée dans le journal du 10 novembre 2016, ou plutôt deux informations sur le mal-logement. Après un reportage sur l'ouverture de la campagne hivernale de la Croix-Rouge et le manque de place pour les sans-abris, j'avais enchaîné avec une info en bref sur l'ouverture à Paris le même jour d'un centre d'accueil pour migrants. Mais j'avais eu le malheur de lier les deux sujets par un très factuel *« en même temps »* qui a déchaîné les passions, provoquant une avalanche de messages incendiaires. Les bien-pensants me reprochaient vertement d'avoir *« opposé »* SDF et migrants. Pour ne pas les froisser, j'aurais peut-être dû placer une info sur la chanson ou sur le football entre les deux, mais je n'aurais alors pas fait mon métier. Là encore, le CSA s'était autosaisi.

Des mois plus tard, en pleine campagne électorale – tiens donc ! –, l'organisme avait indiqué sur son site qu'il m'adressait une *« mise en garde »*. J'ai écrit au président Olivier Schrameck pour m'étonner à la fois de cette mise en garde – l'un des grades sur l'échelle des sanctions de l'organisme – et de la date choisie pour la publier. Il ne m'a jamais répondu. En revanche, j'avais entretenu d'excellentes relations avec son prédécesseur Michel Boyon, que j'avais même invité à déjeuner après avoir reçu un courrier surréaliste, signé de sa main, me reprochant d'avoir parlé d'un gagnant de l'Euromillion *« sans avoir cité les concurrents de la Française des Jeux »*. Le fonctionnaire qui avait écrit cette missive péremptoire ignorait sans doute que la FDJ détient le monopole des jeux d'argent en France... Ça m'avait beaucoup amusé. Le président Boyon aussi. Il s'est excusé de l'avoir signée au milieu de tant d'autres. J'en avais profité – j'étais alors administrateur de TF1 – pour lui dire à quel point je trouvais dangereux qu'un organisme comme le sien s'occupe des choix éditoriaux de l'information télévisée. Il en était parfaitement conscient, et nous pensions tous les deux qu'une administration contrôlant des journalistes, ça s'appelle de la censure. La presse écrite ne l'accepterait pas, et nous sommes des journalistes comme les autres. Michel Boyon a quitté ses fonctions quelques semaines plus tard.

Il y a des lois. À nous de les respecter. Et en cas d'infraction, c'est à la justice de trancher. Pas à un organisme administratif, fût-il « indépendant ». Pour ma part, en trente-trois ans de journal et 115 000 reportages diffusés, je n'ai jamais été condamné. Ni de près ni de loin. Ah les « dérapages » de Pernaut ! Désolé, je ne fais que mon métier, que ça gêne ou pas.

Mais Twitter et les autres ont quand même bouleversé la donne. Une accusation sur les réseaux, vraie ou fausse, est impossible à stopper. Si bien qu'à la télévision, tout le monde se méfie du moindre mot pouvant être mal interprété, sorti de son contexte, et utilisé pour faire mal. C'est triste, et pour cette seule raison, on va longtemps regretter la « télé d'avant » où l'on pouvait s'amuser, rire de presque tout dans les émissions de divertissement, et donner les informations dans les JT sans craindre de se faire lyncher sur la Toile par des aigris, des jaloux et des pisse-froid du politiquement correct. C'est un peu pour cette raison également que je ne suis pas mécontent d'avoir soixante-dix ans et d'avoir décidé de changer de rythme.

Les réseaux ont remplacé un autre fléau que j'ai eu à subir pendant des années : la presse à scandale et ses soldats de l'ombre, les paparazzis. Là aussi, il fallait avoir le cœur bien accroché. Je pense d'abord à cet « été meurtrier » de 2005 que j'évoquais il y a quinze ans dans un de mes précédents livres. Mon épouse Nathalie avait décidé de participer à l'émission « La Ferme Célébrités » au profit d'une association de lutte contre le cancer dont elle était la marraine, Ti'toine. Une cause à laquelle elle a toujours été très attachée après s'être elle-même battue contre une leucémie foudroyante quelques années plus tôt.

Nathalie, avec une douzaine d'autres candidats, dont notre ami Philippe Risoli, participait à ce jeu de télé-réalité, en vase clos, dans une ferme avec ses animaux. Ils étaient filmés 24 heures sur 24. Au bout de quelques semaines de jeu, tout a dérapé. Je passais des vacances au Lavandou quand le directeur de la communication de TF1 m'appelle, nerveux : « *Tu as vu* Ici Paris *? Ils lancent une rumeur sur une liaison de ta femme avec Daniel Ducruet dans la Ferme !* » Chez mon petit marchand de journaux, effaré, je découvre l'article. J'en subirai des dizaines d'autres pendant plusieurs semaines et je croiserai bientôt dans la rue des gens qui me taperont gentiment sur l'épaule d'un air compatissant : « *Courage Jean-Pierre !* »

L'affaire prend de l'ampleur au fil des jours. *Closer*, qui vient de naître, rivalise de titres choc avec *Voici*, *Public* et tous les autres. *France Dimanche* n'est pas en reste. Une marée d'ordures, traitant ma femme de *« midinette éblouie dégoulinant d'huile à bronzer »*, me disant *« dévasté »* ou annonçant notre *« séparation imminente »*. *Voici* y consacre de pleines pages. Je repense au billet goguenard d'un chroniqueur – qu'on présente aujourd'hui comme philosophe – écrivant : *« Pendant que Jean-Pierre présente un journal pour les bouseux, sa femme s'amuse dans les bottes de paille »*. Je peux vous dire qu'il faut être solide pour supporter ça. Nous l'avons été avec Nathalie. *Voici*, encore ! annonce que je me suis *« réfugié dans mon immense maison de famille à Quevauvillers »*. Or je n'ai pas de maison dans le village de mon enfance et je suis toujours en vacances au Lavandou avec les enfants. Dès la fin de l'émission, Nathalie nous y rejoint.

Le cauchemar continue avec des paparazzis partout, devant la maison de vacances, à la plage, nous traquant pendant nos courses ou au restaurant. Chez le libraire, des unes par dizaines avec des photos volées et modifiées. Entre autres délicatesses ? Une photo de moi avec les enfants à la plage et ce titre annonçant notre rupture conjugale : « Mais où est donc Nathalie ? »

Le bon sens près de chez vous

Elle était en fait juste à côté, sur le sable, mais la photo était coupée au bon endroit entre nos deux serviettes. Soixante-six couvertures de magazines en huit semaines ! Je ne dois pas être loin des records… Recette magique pour la presse à scandale, rejointe malheureusement par quelques journaux dits sérieux : le présentateur préféré des Français – eh oui, déjà à cette époque ! – marié à une ancienne Miss France et ex-dauphine de Miss Monde, ce n'est déjà pas mal… mais y ajouter une présumée idylle avec l'ancien mari d'une princesse, voilà qui peut être juteux ! Une aubaine pour ces vendeurs de papier. Avec Nathalie, nous les avons poursuivis en justice. Quarante-deux procédures judiciaires, toutes gagnées bien sûr puisqu'il s'agissait de photos volées ou détournées, donc interdites.

Avec la rentrée, cette année-là, les choses se sont calmées. Mais nous avons retrouvé les paparazzis deux ans plus tard lors de notre mariage. Encore une fois, ils étaient partout : dans l'église où l'un d'entre eux avait même passé la nuit, devant et dans la mairie, en moto sur la route, et bien entendu infiltrés lors de notre belle soirée de mariage à Chantilly. Heureusement, ayant anticipé leur venue, nous les avons tous mis dehors. Tous… sauf un faux couple de faux amis dans l'église que nous n'avions pas repéré. Ces mêmes paparazzis qui n'ont pas hésité non plus à venir salir les obsèques de ma mère devant la cathédrale d'Amiens quelques années plus tard. Aujourd'hui, ils nous ont enfin lâchés, Nathalie et moi. Les photos, nous les prenons nous-mêmes et nous publions celles que nous choisissons sur les réseaux sociaux. Ça aussi, c'est nouveau...

En tout cas, si mes trente-trois ans au 13 Heures ont été une aventure extraordinaire couronnée de succès, ils n'ont pas été pour autant, vous l'avez constaté, un long fleuve tranquille. Loin de là. Je ne remercierai jamais assez mon équipe et ma famille, en particulier Nathalie et mes enfants, et avant eux Dominique et Karine, de l'avoir supporté et de m'avoir aidé à garder les pieds sur terre et la tête sur les épaules.

Encore une anecdote qui résume tout sur ce que j'ai eu à subir. Bien avant la frénésie malsaine de « La Ferme Célébrités », *Voici* avait publié des photos dérobées me montrant main dans la main dans une allée du parc de Saint-Cloud avec ma nouvelle compagne, Karine, que je n'avais pas encore présentée à mes parents. Un ami m'avait informé de l'existence de ces clichés au lendemain de la mort de mon père. J'avais

Le bon sens près de chez vous

téléphoné au rédacteur en chef de *Voici* pour lui demander de ne pas les publier, car ma mère encore sous le choc n'avait pas besoin d'être importunée par cette histoire. Je n'oublierai jamais la réponse de ce « journaliste », la voix pleine de morgue et de méchanceté. Avant de raccrocher sèchement, il m'avait asséné : *« J'en ai rien à foutre de ton père, connard ! »*

9

Des passions pour décrocher

Comme tous les soirs ou presque, j'arrive au théâtre du Gymnase à Paris. Nathalie ne va pas tarder à entrer en scène avec ses partenaires de notre pièce, *Piège à Matignon*. J'aime venir ici partager cette atmosphère incroyable du spectacle que nous avons conçu quelques années plus tôt avec ma femme. C'est très long d'écrire une pièce de théâtre : trouver un thème, inventer une intrigue, camper des personnages, leur donner caractère et identité. Il faut écrire, réécrire, corriger, modifier, améliorer, trouver les petits trucs qui à tel ou tel moment vont faire rire les spectateurs. Mais, à force de travail et de patience, nous avons réussi, et depuis quelques jours, la pièce « cartonne ».

J'arrive donc ce soir-là et je vais faire la bise à Nathalie qui a répété tout l'après-midi.

L'immense salle du Gymnase est déjà bondée. Je la traverse, j'emprunte l'escalier étroit qui mène aux coulisses, je passe à côté de la scène. Le rideau est fermé. Au milieu du décor, seul, Philippe Bardy, l'un des comédiens, se tient immobile, les yeux fermés, le sourire aux lèvres :

– *Salut, Philippe, tu vas bien ? Les répétitions se sont bien passées ?*

– *Chut*, me dit-il, un doigt sur la bouche.

– *!!?*

– *Écoute, Jean-Pierre ! Ça va être formidable ce soir…*

Je ne comprends pas tout de suite son enthousiasme. Cependant, j'entends maintenant le bruissement des spectateurs derrière le rideau, quelques rires étouffés, des conversations enjouées : « *C'est un bon public*, ajoute Philippe. *Ils sont heureux d'être là.* »

Il m'explique que chaque soir, juste avant la représentation, il vient s'isoler ainsi et se concentrer derrière ce rideau pour imaginer ce que seront les réactions du public. Ce soir-là, je découvre à la fois la passion d'un comédien et la notion de « spectacle vivant », que je n'imaginais pas « vivant » à ce point. Chaque représentation est différente, chaque public réagit autrement, les comédiens eux-mêmes adaptent leur interprétation à leur public d'un soir : parfois des gens gais, contents, parfois, une foule silencieuse, blasée ou fatiguée. Ça se ressent. Ça s'entend. Quelle magie ce théâtre que je ne connaissais pas quelques années auparavant ! Il m'a bien aidé à me vider la tête depuis 2011.

La responsabilité et la présentation d'un journal télévisé est un travail formidable. Le plus beau métier du monde ? Tous les matins, c'est un bonheur de concevoir puis de bâtir minute par minute ce journal. C'est un bonheur aussi, conjugué à une forte dose d'adrénaline, de devoir animer pendant plusieurs heures des éditions spéciales en improvisation totale, et j'en ai fait des centaines consacrées à toutes sortes d'événements. C'est un métier qui nous « prend aux tripes » et qui accapare toute notre vie. Dès qu'on entend une information, à la radio ou dans la bouche du voisin, dès qu'on voit quelque chose, dès qu'on discute avec quelqu'un ou qu'on lit un article de journal, on pense à la manière dont on pourrait l'exploiter dans le JT. Est-ce une info qu'on peut développer et qui intéressera les gens ? Si oui, comment pourrait-on la traiter ? Le journalisme se fait à temps plein, trop plein parfois, et la plupart de mes confrères croisés pendant ma carrière s'y sont noyés.

Pour ma part, je sais m'en extraire de temps en temps grâce à mes autres passions et en me ménageant des plages de tranquillité en dehors du métier, dans la vraie vie. J'ai eu cette chance incroyable de pouvoir « décrocher » quand il le fallait.

L'hiver, à la maison, mon plus grand bonheur est d'être tranquillement assis devant ma cheminée pour profiter d'un bon feu de bois. J'adore regarder danser les flammes sans penser à autre chose. Et quand je suis là, le journal est bien loin de moi. Même chose en vacances, où je sais oublier mon métier des semaines entières. Savoir se ressourcer, c'est dans mon esprit comme dans mes comportements une condition essentielle pour ne pas se lasser ou se laisser consumer.

Le décrochage passe par quelques rituels, immuables. Chaque jour, par exemple, dès le journal terminé, à la dernière note du générique de fin, je tombe la cravate. Je ne supporte pas d'avoir une cravate hors antenne. Je la porte à l'écran par respect pour les téléspectateurs qui m'invitent à déjeuner chez eux, mais je l'enlève juste après. Toujours. Et, assez curieusement, j'ai le sentiment de retrouver un peu de ma liberté.

Quand je rentre chez moi, j'essaie d'oublier le boulot. Nathalie et les enfants m'y aident chaque jour. Il y a tellement de choses plus importantes dans la vie que les problèmes de bureau ! Et ensemble ou séparément, nous avons donc la chance d'avoir quelques passions hors de la télé.

Le théâtre en fait partie depuis un festival auquel Nathalie et moi avons assisté à Porto-Vecchio en Corse. Lors du dîner de clôture, nous étions assis aux côtés d'Alil Vardar, auteur et comédien belge d'une pièce qui rencontrait un immense succès depuis des années, *Le Clan des divorcées*, qu'il venait précisément de jouer pour ce festival. Dans la conversation, Nathalie lui confie son envie de « faire du théâtre ». Entre eux, le courant passe et Alil lui propose de jouer à ses côtés dans une autre pièce qu'il vient tout juste de terminer, *Un couple parfait… enfin presque !* Quelques jours après, Nathalie reçoit le texte, elle est emballée. Banco ! La voilà bientôt sur scène avec Alil, au théâtre de la Grande Comédie, rue de Clichy à Paris. Pour la « première », glissé discrètement dans le fond de la salle, je suis aussi stressé que ma femme.

Souvent, je vais voir le spectacle et un soir, dans leur loge, Alil me propose de monter sur scène. « *Mais je n'ai jamais fait ça ! Et qu'est-ce que tu veux que je vienne y faire ?* » Alil cherche et en tournant la tête, il voit dans un coin une boîte en carton, vestige de leur rapide dîner : « *Tu n'as qu'à entrer en scène et nous livrer une pizza !* » Avec Nathalie, ils s'entendent pour me dire à quel moment je devrai faire mon entrée sur la scène du théâtre, une grande première pour moi. La pièce commence, je suis en coulisses avec ma boîte de pizza à la main. Le moment arrive. Toc toc…

— *C'est pourquoi ?* lance Alil.
— *Pour la pizza que vous avez commandée.*
— *Entrez donc !* répond Nathalie.

Et me voilà apprenti comédien d'un soir. Le public, incrédule, me reconnaît. Beaucoup de personnes se lèvent. Applaudissements nourris. J'improvise quelques répliques, je reste deux ou trois minutes sur scène :

— *Oh, vous avez un bel appartement ! Combien ça coûte ?* [rires dans la salle]
— *Il me semble que je vous connais*, me répond Nathalie.
— *Oui, le matin je travaille à la télé, mais le soir je fais des extras…*

Les rires redoublent. Je m'éclipse. J'ai adoré.

J'ai surtout découvert une chose toute bête : la proximité avec le public des premiers rangs. On le voit, on le suit, on constate *de visu* s'il s'amuse ou s'il s'ennuie. Quelle surprise pour moi, d'habitude presque seul dans mon grand studio ! À la télé, on ne voit pas, on ne sent pas les réactions des gens. Au théâtre, oui. Et c'est magique.

Avec Nathalie, qui de temps en temps ajoute quelques saynètes pour enrichir la pièce avec l'accord d'Alil, nous décidons un soir d'essayer d'écrire notre pièce. Ce sera *Piège à Matignon* : l'histoire d'un homme politique dont la vie privée et publique est saccagée par la divulgation de fausses rumeurs sur Internet et qui se venge en infligeant la même chose à ses adversaires. Pendant des heures, des nuits, des week-ends entiers, nous rigolons avec ma femme en imaginant des personnages, des répliques. Cette pièce, dans l'esprit des chansonniers, prend forme durant l'été, lors de nos vacances. Comme nous ne sommes pas des pros et sur les conseils de Jean-Manuel Bajen, le patron du théâtre des Variétés sur les Grands Boulevards, nous rencontrons Jean-Claude Islert, l'un des auteurs du célèbre *sitcom* des années 1980 *Maguy* et de très nombreuses pièces de théâtre à succès. Il aime notre histoire, rentre dans le jeu. D'une écriture à quatre mains, nous passons ainsi à six avec celles, d'orfèvre, de Jean-Claude, qui donne une vraie forme à notre œuvre commune. Il nous apprend notamment le « rythme théâtre ».

Dans la foulée, nous trouvons un metteur en scène, l'excellent Éric Civanyan, des comédiens, et nous voilà partis à la recherche d'un producteur. Que de lectures devant ces professionnels à qui sont soumises sans cesse des dizaines de nouvelles pièces ! Pour nous, c'est l'impasse jusqu'au jour où, n'y croyant presque plus, nous faisons une dernière tentative. Victoire ! Un producteur enthousiaste, Fabrice Roux, décide de « monter » *Piège à Matignon* avec sa société Place des Prods. Avec Nathalie, nous serons coproducteurs. Et nous voilà dans le prestigieux théâtre du Gymnase avec Stéphane Slima dans le rôle principal aux côtés de Nathalie. Ils avaient déjà joué ensemble à la télévision dans la série *Sous le Soleil*. Les rejoignent Éric Le Roch, Philippe Bardy et Gladys Cohen, remplacée quelques semaines plus tard par Marie-Laure Descoureaux, dont le talent est aussi immense que la gentillesse et qui nous suivra désormais dans toutes nos aventures théâtrales.

Les représentations se succèdent. Je suis toujours aussi stressé chaque fois que je me trouve en coulisses ou dans le fond de la salle. Au bout de quelques mois, nous décidons de changer de salle. Direction le théâtre Daunou, un petit bijou de proximité avec le public situé à deux pas de l'Opéra. C'est un succès, mais le coproducteur que je suis avec Nathalie découvre les affres d'un tel projet et la machinerie complexe de l'entreprise : le prix de la location de la salle, celui du décor, le coût des affiches dans le métro ou sur les colonnes Morris, la note du pressing pour le nettoyage quotidien des costumes, les charges sociales, les imprévus… Les salles sont pleines, mais nous perdons quand même de l'argent malgré les cachets très raisonnables des comédiens. « Pas grave, nous nous rattraperons en tournée », martèle l'expérimenté Fabrice Roux, toujours optimiste, et qui adore la pièce.

Je passe alors des heures au téléphone pour boucler cette future tournée dans les régions et trouver des salles ou des villes acceptant d'accueillir *Piège à Matignon*. Presque un nouveau métier que je découvre jour après jour, entre satisfactions et déconvenues. La tournée prend forme quand nous partons en vacances après une captation de la pièce pour la chaîne Paris Première, dont la diffusion quelques semaines plus tard signera l'une des plus belles audiences de l'été. Fin août, au lendemain de cette diffusion, nous apprenons la mort brutale de Stéphane Slima.

Effondrée après avoir passé de si beaux et si longs mois à ses côtés, Nathalie ne veut plus entendre parler de théâtre ni de scène, et nous décidons donc de suspendre la tournée.

Quelques mois plus tard, Nathalie accepte quand même de reprendre le flambeau et nous voilà partis sur les routes en janvier 2013 avec Michel Scotto di Carlo pour remplacer Stéphane. Olivier Pages et Sébastien Chartier rejoignent à leur tour la petite troupe. Les comédiens acceptent volontiers que je les accompagne. Je me fais discret avant les représentations, je les laisse se concentrer et n'interviens jamais dans les discussions « artistiques », laissant ce privilège à Nathalie.

Mais je suis là à chaque représentation, jonglant avec mon emploi du temps à TF1. Pas facile d'être dans les coulisses ou au fond d'une salle de théâtre jusqu'à 23 heures ou minuit à Saint-Quentin, Reims, Pont-à-Mousson ou Épinal… et d'être le lendemain dès 7 h 30, frais et dispo, au bureau à Boulogne pour préparer le journal, avant de repartir encore ailleurs l'après-midi, sitôt le débriefing du JT achevé ! J'ai pourtant réussi à suivre toute cette tournée la première année. Les quais de gare, les longues heures passées dans de petites camionnettes avec le reste de la troupe, les chambres d'hôtel – parfois très belles, parfois au confort très succinct – dans des villes souvent désertes à la tombée de la nuit. Mais chaque fois le même plaisir.

Plaisir de découvrir des salles magnifiques, comme celle du casino d'Aix-les-Bains ou de celui d'Évian, ou encore ce bijou d'architecture dans la petite station thermale auvergnate de Néris-les-Bains, et tant d'autres bien sûr... Plaisir aussi d'être au plus près des comédiens dont j'ai perçu au fil des soirées l'indéfectible passion pour leur art. Plaisir enfin de rencontrer le public. De le regarder, de partager son bonheur de rire pendant les représentations, de discuter longuement avec les spectateurs lors d'interminables mais très sympathiques séances d'autographes. Partout, dans les régions, je retrouve au fond certains des téléspectateurs de « mon » 13 Heures. J'ai été si heureux de les rencontrer. Et eux donc !

Un soir, Fabrice Roux, le producteur, a une drôle d'idée :

– Jean-Pierre, tu devrais monter sur scène juste avant la représentation pour saluer le public. Ils sont là pour toi aussi !

– Pourquoi pas ? Je vais essayer...

Et me voilà derrière le rideau, attendant le feu vert du régisseur, un micro à la main. Je me glisse sur l'avant-scène. Je me retrouve nez à nez avec le public, surpris de me voir apparaître mais ravi et applaudissant à tout rompre. Quelques mots pour leur expliquer ce que fait mon nom en bas de l'affiche, pour leur dire que les comédiens sont prêts, qu'il va falloir les encourager, les applaudir et qu'ils sont formidables… Re-applaudissements. Me voilà intronisé chauffeur de salle ! Encore un nouveau métier que j'exercerai de manière non conventionnée pendant des semaines avec la bénédiction des comédiens, notamment Philippe Risoli, qui a rejoint à son tour la troupe en septembre 2013. L'ami Risoli que je côtoyais souvent quand il était cette immense vedette des jeux télévisés sur TF1 il y a quelques années, et qui avait confié à Nathalie son envie de « faire du théâtre » pendant leurs longues discussions dans le jeu « La Ferme Célébrités » de l'été 2005. Lui aussi sera désormais de toutes nos aventures sur scène. Deux autres comédiens talentueux intègrent notre petit groupe : Jean Lenoir et Cyril Aubin.

Les représentations s'enchaînent pendant quatre années supplémentaires. On apporte du bonheur aux gens en les faisant rire avec notre

Des passions pour décrocher

pièce si proche de l'actualité : un ministre du Budget nanti d'un compte en Suisse, un autre qui ne paie jamais ses impôts, un Premier ministre qui, déguisé en motard, vient secrètement voir sa maîtresse, les fausses rumeurs sur Internet... Tout cela écrit en 2011 ! Soit bien avant ce que l'on découvrira « en vrai » plus tard. Et quand un beau matin tombe la une de *Closer* avec François Hollande en scooter, casque sur la tête, rue du Cirque à Paris, des spectateurs me disent en voyant notre pièce le lendemain :

– *Mais comment avez-vous fait pour ajouter cette scène dans la nuit ?* Closer *est sorti hier !*

– *Non, ça fait trois ans que c'est écrit et deux qu'on la joue !*

« *Les Pernaut visionnaires au théâtre* », écrira même un journaliste.

Nous continuerons à jouer *Piège à Matignon* durant six ans avec le même succès, notamment un soir en Alsace sur la célèbre scène du Royal Palace à Kirrwiller, au nord-ouest de Strasbourg. L'endroit est devenu l'un des plus grands cabarets d'Europe grâce au travail acharné de Cathy et Pierre Meyer. J'avais été le premier il y a presque trente ans à consacrer un reportage dans le JT au petit music-hall de campagne qu'ils venaient d'ouvrir au cœur de leur village. Cathy Meyer m'avait remercié en m'envoyant une délicieuse tarte aux quetsches ! Trente ans plus tard, les Meyer ont fait jouer notre pièce sur leur scène aussi prestigieuse que magnifique et gigantesque. La salle était archi-comble. Ce soir-là, après la représentation, nous avons aussi profité de la revue et partagé les coulisses avec la troupe de danseuses et de danseurs, visiblement heureux de nous accueillir chez eux. « Quelle belle soirée ! », se serait exclamé mon ami Michou !

Des villes, des salles, des festivals et des théâtres en plein air pendant l'été, comme au Lavandou ou à Mandelieu, des rires et des applaudissements, de Lille à Biarritz, de Nantes à Menton, un petit passage de quelques jours au théâtre des Variétés à Paris, des rencontres avec des milliers de Français… Nous avons commencé sous Nicolas Sarkozy, traversé tout le quinquennat de François Hollande et terminerons sous Emmanuel Macron.

Vient le moment où nous ressentons l'envie d'écrire une nouvelle pièce. Un vaudeville à la Feydeau. Ce sera *Régime Présidentiel*, produite par Jérôme Foucher. Rebelote ! Comme pour la première, nous commençons à quatre mains avec Nathalie, qui veut absolument se façonner un personnage complètement « déjanté ».

Elle y réussit parfaitement en devenant la femme fatale quoiqu'un peu sotte d'un homme politique ambitieux – toujours Philippe Risoli – qu'elle trompe allègrement et qu'elle trahit tout au long de l'histoire afin qu'il devienne président de la République. Comme Jean-Claude Islert pour *Piège à Matignon*, c'est Éric Le Roch qui nous apporte tout son talent d'auteur pour que *Régime Présidentiel* voit le jour. Mais cette fois, nous optons d'emblée pour une tournée en régions. Elle durera deux ans et nous permettra d'accueillir un nouveau comédien épatant dans notre petite troupe : Andy Cocq.

Je me souviens de séances de lecture à voix haute avec Nathalie qui répétait son rôle pendant des vacances au bord de la mer. Elle nageait en longeant la plage, moi la suivant sur le sable le texte à la main. Et les vacanciers, allongés tranquillement sur leur serviette, témoins d'une belle scène de ménage, n'imaginant pas que c'était le texte d'une pièce… Nous avons bien rigolé.

Depuis la fin de *Régime Présidentiel*, Nathalie a joué dans d'autres pièces, dont l'excellente *Double Jeu* de Brigitte Massiot, une tragi-comédie policière présélectionnée pour Les Molières, pour laquelle elle a retrouvé le théâtre du

Gymnase. Là encore, des mois de répétition… mais seulement trois petites semaines de représentation, avec un arrêt brutal le 14 mars 2020 au soir pour cause de coronavirus et de confinement généralisé. Nous croisons les doigts pour que la crise sanitaire se termine au plus vite en pensant à tous les comédiens privés de travail pendant si longtemps. Car pour tout le spectacle vivant, c'est une catastrophe !

De mon côté, vous avez compris qu'avec le théâtre, je me suis vraiment vidé la tête de toutes les préoccupations journalistiques de présentateur du JT. J'aime du reste tellement cette atmosphère que nous allons très vite nous atteler ensemble à l'écriture d'une troisième pièce. Mon emploi du temps sera, je l'espère, un peu moins chargé cette année pour accompagner Nathalie.

Pour les vacances aussi, j'aurai du temps. Parmi nos autres passions communes, nous aimons beaucoup jouer au tarot jusqu'au bout de la nuit avec les copains avec qui nous partons dès que nous pouvons. Nathalie est une vraie championne, mais je ne m'en lasse pas. Là pareil, durant ces parties acharnées, je ne pense plus à mon métier et je décroche vraiment, comme tous les week-ends d'ailleurs, au cours desquels je passe le plus clair de mon temps dans mon jardin.

Pas question de regarder la télé ni d'écouter la radio. Dès que je peux, je coupe mon téléphone me souvenant de l'époque bénie et pas si lointaine où le portable n'existait pas. J'adore être dans ma verdure. Un sécateur à la main, je taille mes rosiers, mes arbustes quand il le faut, me souvenant aussi des remarques que m'adressait mon voisin du temps où je possédais une maison de campagne près d'Amiens. Ça le désolait de me voir faire n'importe quoi dans la taille de mes poiriers et de mes autres arbres. Par-dessus la haie, il ne se privait pas de me donner de précieux conseils. Il me disait aussi très souvent ce qu'il pensait de l'info à la télé, « trop éloignée de la vraie vie » selon lui. Et il avait raison. L'hiver, je ramasse les feuilles mortes comme tout le monde, au printemps, je plante quelques fleurs. Vraiment, je profite pleinement de mon jardin.

Depuis longtemps aussi, je dois avouer une autre passion qui n'est plus dans l'air du temps médiatique mais je m'en moque : le sport automobile. C'est une vieille histoire de famille qui remonte pour moi à la fin des années 1950.

33 ans avec vous !

Mon père faisait des rallyes ! J'avais à peine dix ans et j'étais émerveillé de le voir partir certains week-ends avec sa « voiture de course », sa Peugeot 203 engagée au rallye de Picardie avec le notaire du village comme copilote. Souvenirs vagues de cette époque…

Mon père participera quelques années plus tard à la création de l'Association sportive automobile de Picardie, deviendra « directeur de course » et m'emmènera souvent suivre avec lui les 24 Heures du Mans où l'ASA Picardie avait en charge la sécurité du fameux virage serré de Mulsanne, au bout de la longue ligne droite des Hunaudières. J'y ai passé des nuits interminables à regarder les autos dont les freins étaient rougis par la chaleur. On dormait quelques heures sous la tente dans l'excitation de se poster à nouveau en bordure du circuit. Mon frère aîné, Jean-François, était là aussi et, très logiquement, sur les traces de notre père, il se lancera à son tour quelques années plus tard dans la compétition, à la grande époque des Austin Cooper S, qui gagnaient les rallyes de Monte-Carlo. Avec la sienne, il participera à de nombreuses épreuves autour de chez nous, à commencer par les rallyes de Picardie, du Touquet, de Flandre-Hainaut et de Rouen.

Des passions pour décrocher

Étudiant en médecine, Jean-François avait cette passion en lui et pilotait ma foi fort bien. Je l'enviais mais j'avais la chance d'être indirectement associé à ses exploits, car ma belle-sœur Béatrice m'emmenait sur les routes de Picardie ou d'ailleurs, la nuit, pour assurer son « assistance » : café, sandwich pendant qu'un mécanicien vérifiait la voiture ou changeait les roues entre deux épreuves spéciales. Odeur d'huile de ricin que les concurrents mélangeaient au carburant, bruit des moteurs, des crissements de pneus… J'adorais tout ça.

D'ailleurs, dès que j'ai eu mon permis, j'ai « emprunté » la voiture de ma mère, sa Mini Austin, pour participer à son insu à quelques « slaloms » entre des bottes de paille, organisés à la fin des années 1960 sur une place du centre-ville d'Amiens. Ma mère se demandait toujours pourquoi ses pneus s'usaient si vite ! Et quand, parfois, je rapportais des coupes pour mes bons résultats, meilleurs qu'au lycée, je m'empressais de les cacher sous mon lit. Le permis, je l'avais décroché pendant les événements de Mai 68. Ce jour-là, pour me faire une jolie surprise, mon frère était venu me chercher avec sa voiture de course, sa fameuse Cooper S. Quand je suis sorti de la voiture de l'auto-école, brandissant mon petit papier rose à la main, c'est l'inspecteur qui a été plutôt surpris de me voir m'installer au volant du bolide qui faisait un très joli « vroum vroum » !

Mon amour du sport auto remonte aussi à mon enfance, quand mon père a construit un karting dans l'usine qu'il dirigeait, puis installé une piste dans notre jardin à Quevauvillers dans les années 1960. Adepte du hockey sur gazon et très occupé par mes études de journalisme puis mes premiers pas dans le métier, je ne suis revenu à la compétition automobile que beaucoup plus tard, en faisant de nouveau du karting avec mon fils aîné, Olivier, alors adolescent. Ensemble, nous avons participé à quelques courses grâce à la section karting du club des sports de TF1 que dirigeait un grand ami de la télé et du sport auto, Yves Hervalet. Puis un jour j'en ai eu assez de me faire dépasser par mon fiston et où j'ai décidé de me contenter de chronométrer ses exploits. Lui a continué, a entamé des études d'ingénieur et a eu envie de faire des rallyes, mais a finalement décidé de s'inscrire dans une structure formidable de la Fédération française de sport automobile : la formule Campus, qui deviendra quelques années plus tard L'Auto

Des passions pour décrocher

Sport Academy, le premier niveau de formation au pilotage de monoplaces. Je l'ai ainsi accompagné durant toute une saison sur de prestigieux circuits où il se débrouillait très bien.

Tellement bien que plusieurs années après, Max Mamers, l'inventeur génial de la plus grande course européenne sur glace, le trophée Andros, m'appellera pour me dire qu'il avait décidé d'inviter Olivier à participer à une épreuve du trophée à l'Alpe d'Huez, pas encore dans la catégorie des grosses autos à quatre roues motrices où roulent les plus grands champions, mais sur un buggy. Et me voilà un vendredi soir en pleine tempête de neige, au bord du petit circuit de cette station de sports d'hiver. J'y découvre une passion glacée qui ne me quittera plus pendant presque dix ans, avec Olivier d'abord, mais aussi avec Nathalie.

Quelques semaines plus tard, Max Mamers me fait rouler à mon tour sur le circuit de Saint-Dié-des-Vosges. J'y prends immédiatement goût tant c'est une sensation de pilotage incroyable. Dès l'année suivante, je m'engage avec mon fils, toujours en buggy. Mais nous avons la folle envie de passer à la catégorie supérieure : le trophée Élite aux côtés des pros avec des bolides de 350 CV dotés de quatre roues motrices et directrices. Nous montons notre projet, recherchons quelques sponsors… et nous nous lançons. L'aventure durera neuf ans. Chaque hiver, de début décembre à fin février, cela m'a permis de passer des week-ends, certes fatigants, mais surtout de folie !

À TF1, dès la fin du journal le vendredi, je cours au parking de l'immeuble de Boulogne, je me change entre deux voitures : jean, grosses chaussures, gros pull et doudoune. Le costume dans le coffre, direction la gare de Lyon ou Orly pour attraper le premier train ou l'avion afin de gagner au plus vite le lieu de nos futurs exploits : Val Thorens, l'Alpe d'Huez, Isola 2000, Andorre, Serre Chevalier, Saint-Dié-des-Vosges ou encore Super-Besse et Lans-en-Vercors.

En plein hiver, nous arrivons tard le soir sur des routes enneigées. Dès 7 heures le samedi matin, petit tour des circuits à pied pour commencer à travailler le pilotage et repérer le tracé. C'est là, au bord de la piste et dans un froid glacial, que le novice que je suis a très souvent eu la chance de bénéficier des conseils d'Alain Prost, de Jacques Villeneuve, avec qui nous avons partagé la même écurie une saison, de Franck Lagorce, d'Olivier Panis, du légendaire Finlandais Ari Vatanen

– que j'ai battu dans une course à Isola 2000 ! – et de bien d'autres, dont le roi de la glace à cette époque, Jean-Philippe Dayrault.

Combinaison, casque, chaussures spéciales. Sept ou huit fois dans l'année, deux jours de course dans la neige et la glace, les yeux rivés entre deux épreuves sur les ordinateurs ayant enregistré chaque moment pour nous améliorer lors des prochains passages. Des heures d'attente, de discussions avec les autres pilotes, les ingénieurs ou les mécaniciens, des tartiflettes pour se réchauffer. Ambiance fabuleuse et pour moi, une joie immense de partager ces moments uniques avec mon fils. Notre complicité durera donc presque une décennie. Lui dans la catégorie des pros, moi chez les amateurs, content de terminer sur le podium de presque toutes les courses en 2014. J'ignore que ce sera mon dernier « Trophée ». Un an plus tard, suite à un grave accident au genou, je devrai déclarer forfait quelques semaines avant le début de notre saison hivernale. Olivier, lui, continuera et me remplacera par Margot Laffite, la fille de Jacques, le grand coureur de F1 des années 1970-1980.

Un bonheur donc de partager cette aventure avec Olivier, mais aussi avec Nathalie. Là encore, une idée de Max Mamers de demander à ma femme d'être la marraine des « Ice Girls », la catégorie féminine sur buggy. Nathalie y participera pendant trois ans, se payant même le luxe de terminer à la deuxième place à l'issue de sa dernière saison. Ce trophée Andros nous conduira également à piloter plusieurs fois pour la finale de la saison au Stade de France, transformé en circuit de glace. Une enceinte archi-comble chaque fois que l'on vient admirer le spectacle étonnant de ces voitures en glisse totale.

Des week-ends en famille autour d'une même passion que nous partageons aussi à la belle saison sur d'autres circuits grâce à la « Fun Cup », des courses d'endurance de petites autos à l'allure de Volkswagen Coccinelle sur des circuits prestigieux, de Magny-Cours à Spa-Francorchamps en Belgique avec son fameux raidillon, en passant par Le Castellet ou Nogaro dans le Gers. Avec Nathalie et Olivier, devenu ingénieur et *team manager* d'une écurie de ces autos formidables, nous avons disputé huit saisons. Olivier, de son côté, participera à beaucoup d'autres compétitions et sera même sacré en 2015, sur une Porsche 911 GT3 R, champion de France GT, la catégorie reine des circuits en France.

Et nous n'en avons pas fini de nous retrouver au bord de ces circuits puisque Tom, mon petit dernier, rêve de suivre les traces de son grand frère. À fond dans le karting depuis quelques années, il a participé lui aussi à une course sur glace du Trophée Andros début 2020 à Isola 2000. Lui qui n'avait jamais piloté de voiture ni *a fortiori* roulé sur la glace a gagné face à des champions expérimentés, alors qu'il n'a même pas encore le permis de conduire ! Quelques mois après, il s'est lancé sur le circuit de Magny-Cours en Formule 4 dans l'école de pilotage Feed Racing de Jacques Villeneuve et Patrick Lemarié.

Pour moi, en tout cas, c'est encore une manière d'oublier ce fameux journal de 13 Heures. Au volant d'une voiture de course, on a beau faire les meilleures audiences d'Europe à la télé, on doit faire preuve de beaucoup d'humilité devant – ou plutôt derrière – d'immenses champions ! Dissimulé par la visière d'un casque, on apprend à s'améliorer au fil des tours sans autre pensée que celle de faire mieux qu'au précédent et surtout de ne pas casser l'auto !

Encore trois grands souvenirs de sport automobile. Il y a quelque temps déjà, j'ai eu l'occasion et l'immense privilège d'accompagner Sébastien Loeb en tant que copilote pendant quelques tours sur un circuit d'entraînement dans la région parisienne. C'était pour une séance photo à bord de sa voiture du Championnat du monde. Sa maîtrise du volant est tout simplement extraordinaire. Un souvenir magique pour moi. Magiques aussi sont les quelques tours de circuit que j'ai effectués à Magny-Cours dans le baquet d'une véritable Formule 1. Nathalie m'avait offert ce cadeau pour mes soixante ans. Imaginez… À presque 300 à l'heure dans la ligne droite, je n'en menais pas large du tout, mais quel bonheur intense ! Au bout de dix tours à ce train d'enfer, j'étais totalement épuisé. Mais l'expérience reste inoubliable. Enfin, je garde un souvenir fantastique de quelques étapes du Tour Auto Optic 2 000 auquel j'ai eu la chance de participer avec Olivier. J'étais stupéfait de l'engouement des spectateurs pour ces voitures anciennes, pour certaines légendaires, qui font la renommée de ce Tour Auto. À chaque arrêt, nous étions assaillis par une foule enthousiaste.

Des passions pour décrocher

J'aime le sport automobile et je suis loin d'être le seul. Alain Prost ou Jean Alesi il y a quelques années, aujourd'hui Pierre Gasly, notre « miraculé » Romain Grosjean, Sébastien Loeb, Sébastien Ogier, Simon Pagenaud, Jean-Éric Vergne et quelques autres sont d'immenses champions français. L'engouement populaire autour des 24 Heures du Mans, du rallye de Monte-Carlo ou de petites courses régionales demeure extraordinaire. C'est pourquoi j'en parle si souvent dans le journal. Apparemment, de cela aussi les téléspectateurs sont satisfaits depuis trente-trois ans.

10

Le cœur bien accroché

S'il y a quelque chose de magique à la télé, c'est bien la vitalité apparente des animateurs et des présentateurs. Nous sommes toujours en pleine santé, souriants, enjoués sauf quand un petit rhume passe par là. C'est important pour tout le monde, car le présentateur est un repère qui conditionne un peu la vie de tellement de téléspectateurs. Et il y a tant de gens qui souffrent ou qui sont isolés… Chaque jour, nous leur offrons l'image de la stabilité, et pour l'information, du sérieux et de la solidité. À cet effet, le maquillage reste essentiel.

Pour moi, plus les années passent, hélas, plus je plaisante avec nos maquilleuses pour les remercier de leur talent de « restauratrices ». C'est autant une obligation qu'un rituel : chaque jour à 12 h 45, je passe entre leurs mains expertes pour un maquillage rapide. Il y a tant de projecteurs sur le plateau qu'un poudrage s'avère indispensable. Et quand je m'assois dans leur fauteuil face à un miroir, c'est cinq minutes de calme et de sérénité garantis avant de plonger dans le grand bain… Un maquillage bien utile si j'en crois la réflexion d'une dame croisée un jour dans une boutique : « *Ah Monsieur Pernaut ! C'est bien vous… Mais je vous croyais beaucoup plus jeune !* » Je suis resté poli, je lui ai même décoché un large sourire, mais mon ego en a pris un sacré coup ce jour-là !

Bref, à l'antenne, le présentateur se doit de toujours afficher une forme olympique. Pour cela, il faut d'abord savoir cacher ses émotions, en essayant « *d'oublier* [s]*es emmerdes* », comme le chantait si bien Charles Aznavour. J'ai eu la chance de ne pas en avoir trop souvent. Mais quand elles arrivent, elles s'accumulent…

Je pense d'abord à la disparition de ma mère. Jusqu'au 16 octobre 2016, j'ai toujours pensé à elle en préparant le journal. Qu'aimerait-elle y trouver ? Qu'aurait-elle envie de voir ou d'apprendre ? Qu'en penserait-elle ? Elle était ma plus fidèle téléspectatrice, depuis toujours. Je pense qu'elle n'a pas raté un seul de mes JT en trente ans, pas plus qu'elle n'a manqué un seul de mes « Combien ça coûte ? » pendant les dix-neuf années qu'a duré cette émission. Et les rares fois où elle a été empêchée de regarder le 13 Heures en direct dans sa maison de retraite, elle le suivait en *replay* un peu plus tard dans l'après-midi, entre deux parties de cartes avec ses copines. Parfois, elle m'appelait pour me dire ce qu'elle avait pensé de tel ou tel reportage : « C'est très bien, Jean-Pierre. » Ou alors : « Tu n'aurais peut-être pas dû présenter ça comme ça… » Mais je sais qu'elle était fière de son fiston comme elle l'était de mon grand frère. Elle est donc partie le 16 octobre 2016. Son petit cœur a fini par lâcher peu après qu'elle ait été opérée pour une fracture du col du fémur. Elle allait fêter ses cent deux ans.

L'infirmière qui s'est occupée d'elle à la clinique de rééducation où elle avait été admise après l'intervention m'a confié : « *Votre maman s'est éteinte comme une bougie. Doucement, dans la nuit. Elle n'a pas souffert. Hier soir, en s'endormant, elle m'a fait un gentil sourire.* » Ses obsèques ont eu lieu dans notre chère cathédrale d'Amiens. Très simple et belle cérémonie que n'ont pas réussi à gâcher quelques paparazzis, en embuscade sur le parvis, venus « voler » sans vergogne des photos du cercueil d'une mère entouré de ses deux fils. Son corps est allé rejoindre celui de mon père, dans le cimetière de Bouvaincourt-sur-Bresle, le village picard de mes grands-parents maternels.

Trois semaines plus tard, le 8 novembre, c'était au tour de mon frère Jean-François, de huit ans mon aîné, de nous dire au revoir. Il était médecin généraliste à Amiens. Il était aussi le praticien attitré des Gothiques, du nom des joueurs de l'équipe de hockey sur glace de la ville, ainsi que celui des forains, qu'il aimait tant – et c'était réciproque car ils ne manquaient jamais l'occasion de la foire de la Saint-Jean à Amiens pour venir le consulter dans son cabinet. Beaucoup sont devenus ses amis et dès qu'il le pouvait, Jean-François m'emmenait les rencontrer dans leurs caravanes derrière les manèges. Jusqu'au bout, alors qu'il était rongé depuis trois ans par un cancer du foie, il avait continué à soigner ses patients, à prendre soin d'eux, comme le faisaient autrefois nos médecins de famille, qui n'hésitaient jamais à répondre aux appels et à se déplacer à toute heure et par tous les temps. Jean-François a travaillé pratiquement jusqu'à son dernier souffle. Quand il rendait visite à notre mère, il s'efforçait de ne rien laisser paraître, d'être souriant, attentionné, prévenant. Il masquait comme il pouvait sa maladie pourtant de plus en plus visible. Si bien qu'elle n'a jamais su que son fils aîné de soixante-quatorze ans était condamné, qu'il risquait de mourir avant elle. Je suis même persuadé qu'il a attendu qu'elle parte pour s'en aller à son tour.

Jean-François était dévoué, passionné par son métier, amateur de bons vins, amoureux fou de la nature et de la chasse, au point de lui consacrer la plupart de ses loisirs. Comme nos pompiers, il était un héros du quotidien. Une semaine après l'enterrement de notre maman, nous nous étions retrouvés en famille au Homard bleu, le restaurant qu'elle aimait tant au Tréport, cette petite station balnéaire, proche du village où ses parents étaient instituteurs, adossée aux falaises de craie, située à l'estuaire de la Bresle, la rivière qui sépare la Picardie de la Normandie. Pour nous, c'était comme un pèlerinage. Ce fut notre dernier moment tous les deux avec ma belle-sœur et ses enfants. Mais un moment vrai, fort, émouvant. Parce que nous savions l'un comme l'autre qu'il n'y en aurait plus d'autres. Jean-François, que beaucoup d'Amiénois appelaient affectueusement « Docteur Bonsaï » à cause de sa passion immodérée pour ces arbres nains venus du Japon qu'il « soignait » dans la cour de sa maison, eut droit lui aussi à de belles obsèques en la cathédrale de sa ville de toujours. Les Gothiques rendirent un vibrant hommage à leur « doc » en formant une haie d'honneur avec leurs crosses de hockey levées au passage du cercueil.

Je venais de perdre coup sur coup les derniers membres de ma famille. Mon père, lui, nous avait quittés en 1996. Il avait quatre-vingt-trois ans. Et pas un cheveu blanc, comme moi aujourd'hui. Tous les quatre, nous avions toujours été très soudés à Quevauvillers où nous habitions et nous avons formé une famille heureuse. Quelle fierté pour mes parents d'avoir été à mes côtés au deuxième étage de la tour Eiffel que nous avions privatisée pour fêter, il y a bien longtemps, mon deuxième anniversaire au JT du 13 Heures ! C'est d'ailleurs la seule fois où mon père a pu rencontrer autant de « gens de la télé » et il s'en était beaucoup amusé. Ingénieur de l'École centrale de Lille, il détestait se prendre au sérieux et adorait la vie, comme mon frère et ma mère. Ils n'aimaient pas les fausses gloires et je me souviens du silence interminable de ma mère au téléphone le jour où je lui ai appris que

Le cœur bien accroché

j'allais être décoré de l'ordre national du Mérite. Elle me répondit d'un ton glacial : « *Le dernier médaillé de la famille, c'était ton grand-père. Mais lui, c'est à Verdun qu'il l'a eue sa Légion d'honneur !* » Nous n'avons plus jamais reparlé de ma médaille.

En tout cas, j'ai été bien sûr très durement affecté par la disparition de ma mère et de mon frère coup sur coup. Mais je n'en avais pas terminé avec les gros soucis. Comme l'avait si bien constaté Jacques Chirac en son temps dans une réplique digne de Michel Audiard : « *Les emmerdes, c'est comme les cons, ça vole toujours en escadrille.* »

11 juillet 2018. Dix-huit mois ont passé depuis ce double deuil. La Coupe du monde de football bat son plein. La France est en liesse. Les Bleus enfilent les tours comme des perles. On se prend à rêver de revivre la même folie collective que vingt ans auparavant. Nos éditions spéciales s'enchaînent au gré des performances répétées de la bande à Didier Deschamps en Russie. Sur nos plateaux règne une joyeuse ambiance. Drapeaux, écharpes, maillots, certains de nos journalistes ressemblent de plus en plus à des supporters déchaînés. La demi-finale contre la Belgique s'est déroulée comme dans un rêve.

33 ans avec vous !

Indécise, excitante... et heureuse. En ce mercredi 11 juillet, la fièvre hexagonale est palpable, avec une finale mondiale en perspective quatre jours plus tard. Sitôt refermée la page de ce JT festif et alerte comme je les aime, je fonce voir monsieur Guetta. Pas le DJ qui fait danser toute la planète, hélas... mais le docteur Guetta, un urologue que mon médecin généraliste m'a conseillé de consulter après un résultat d'analyses qui le préoccupait. C'est le genre de spécialistes qu'on essaie habituellement d'éviter en raison du caractère assez peu agréable de l'examen préalable qu'il pratique toujours...

Ce jour-là, le docteur Guetta doit me révéler les résultats d'une biopsie effectuée quelques jours plus tôt. Je m'y rends un peu angoissé, car je m'attends à ce qu'il va m'annoncer : *« Comme je le craignais, c'est bien un cancer de la prostate, Monsieur Pernaut. Pas très agressif, certes, mais qui doit être pris à temps. Il faut l'enlever, mais je vous laisse passer l'été tranquille, et on le fait dès la rentrée. »*

Cancer. Le sale mot est lâché. Ce mot qui fait peur à tout le monde. Depuis une petite vingtaine d'années, je pense pourtant avoir appris à surmonter l'angoisse qu'il suscite grâce à ma femme. Nathalie s'est battue comme une lionne contre une leucémie aiguë foudroyante à la toute fin des années 1990. Elle avait une farouche envie de vivre, de suivre ce qu'elle a appelé « sa bonne étoile ». À coups de chimiothérapies exténuantes, avec un courage exceptionnel, Nathalie a fini par mater ce cancer du sang par K.O. Depuis, elle n'a cessé de me répéter qu'il faut toujours regarder les choses en face pour mieux les affronter et pouvoir les surmonter. À présent, c'est mon tour. Est-ce une réaction au décès de ma mère et de mon frère ? Je ne sais pas. Peut-être. Quoi qu'il en soit, à moi de lutter, à moi de vaincre le mal qui me ronge insidieusement. À la maison, Nathalie m'aide à garder le moral et la pêche. Et grâce à mon frère, j'ai toujours fait confiance aux médecins qui me soignent.

Été stressant, opération réussie, convalescence expresse. Ni séquelles ni cellules malignes dormantes. Je reste bluffé par les progrès de la médecine : le chirurgien qui m'a opéré a pu actionner depuis son pupitre un immense robot muni de quatre bras articulés dont les terminaisons ressemblent à des mandibules. Cet appareil en forme de crabe géant a percé quatre petits trous dans ma peau, puis éradiqué la tumeur millimètre par millimètre – un autre crabe –, là où auparavant la main du praticien se servait d'un scalpel. Presque un jeu vidéo médical dont la partie dure quatre heures. Une semaine à l'hôpital puis convalescence à la maison, allongé sans rien faire sur un canapé – vraiment pas dans mes habitudes.

Je reviens sur le plateau du 13 Heures au bout de deux mois et non trois comme me l'a ordonné le médecin. Le journal me manque trop. Je ne devrais peut-être pas… mais on ne se refait pas. Durant mon absence, j'ai manqué le plateau avec la trentaine de candidates à l'élection de Miss France que je fais traditionnellement depuis quinze ans. Nathalie, elle-même Miss France 1987, ne m'en voudra pas. Cette année-là, c'est Jacques Legros qui aura eu la chance d'être entouré de toutes ces reines de beauté.

Je retrouve donc mes chers fidèles téléspectateurs du 13 Heures, et c'est un vrai bonheur, fin novembre, en plein mouvement des Gilets jaunes. J'avais quitté l'antenne vendredi 21 septembre après le journal.

Je m'étais fait opérer dans le plus grand secret le lundi suivant. Hormis mon patron, mon attachée de presse Caroline et les membres de mon équipe à qui je n'ai jamais rien caché pendant trente-trois ans, personne n'était au courant. Jacques savait qu'il devrait assurer l'intérim pendant pas mal de temps… Avant mon congé forcé, j'avais juste glissé ce vendredi-là à la toute fin du JT en rendant l'antenne : « *Bon après-midi, bon week-end et vive la vie !* »

Quelques heures avant que je ne sois emmené au bloc, nous avions décidé avec Nathalie de ne rien communiquer avant mon réveil. Nous l'avons fait par deux messages sur Twitter le mardi matin. Le mien, que j'avais préparé la veille : « *Bonjour à tous. Je dois m'absenter quelque temps de la présentation du JT de 13 Heures. J'ai en effet subi une intervention chirurgicale pour un cancer de la prostate. Tout va bien. C'est bien sûr Jacques Legros qui me remplace pendant cette période. Merci de votre soutien, de votre fidélité et je vous retrouve très vite. Jean-Pierre.* »

Et celui de Nathalie : « *Mon mari Jean-Pierre Pernaut est absent du JT de 13 Heures depuis hier. Il a subi une intervention chirurgicale pour un cancer de la prostate. C'est malheureusement une maladie fréquente chez les hommes. Rassurez-vous, il va bien, il est très bien entouré de sa famille et de ses amis et très bien soigné. Il m'a toujours soutenue dans mon combat pour ne pas considérer le mot "cancer" comme un tabou et souhaite montrer l'exemple en étant honnête sur sa situation. À mon tour de le soutenir dans ce combat, ensemble nous sommes plus forts. Son leitmotiv ? Retrouver au plus vite le plateau du JT de TF1. Merci de nous laisser, famille et proches, tranquilles autour de Jean-Pierre.* »

Aussitôt Nathalie et moi avons été submergés de messages de soutien et d'affection. Dans ces circonstances, ils m'ont été d'une aide extraordinaire. Pourquoi avoir communiqué seulement après le réveil ? J'y tenais et j'avais expliqué en souriant à mes proches éberlués que ça éviterait de devoir rédiger un second message si je ne me réveillais pas… Ça ne faisait sourire que moi.

Au début, mon attachée de presse à TF1 s'était interrogée :

– *Faut-il vraiment préciser que tu vas être opéré d'un cancer de la prostate ?*

– *Eh oui, je le dis, et m… ! Si je m'en tiens à une formule sibylline telle que « longue maladie », les gens vont imaginer des choses, que je suis déjà moribond. Rien n'est pire que la rumeur. Un cancer, c'est un cancer. Autant dire lequel.*

On m'a rétorqué aussi : « *Ah, la prostate, quand même, c'est un endroit sensible pour les hommes. Personne n'ose en parler.* » J'ai justement insisté pour qu'on soit totalement transparent. Nathalie a été ma principale conseillère : « *Mais bien sûr que tu le dis ! Pourquoi devrais-tu le cacher ?* » Après tout, n'est-ce pas la première cause de cancer en France, hommes et femmes confondus ? On estime qu'un homme sur huit en développera un avant l'âge de soixante-quinze ans. Mais c'est aussi l'un de ceux qui se soignent le mieux pour peu qu'il soit pris à temps.

Vous n'imaginez pas le nombre de célébrités de la chanson ou de la télévision qui m'ont immédiatement écrit ou appelé après mon opération pour me remercier de mon *coming out* médical. « Bienvenue au club ! Tu as réussi à en parler très simplement alors que nous n'y arrivions pas. Grâce à toi, ce n'est plus un cancer honteux », me disaient la plupart d'entre eux. Des quantités d'anonymes m'ont également remercié d'avoir brisé un tabou qui les oppressait. Certains d'entre eux souffraient dans leur coin, sans rien dire autour d'eux. « On vous revoit à la télé, c'est génial. Ça veut dire beaucoup. Ça signifie qu'on peut avoir une vie après cette horrible maladie. Merci pour ce témoignage vivant. »

Sitôt revenu au bureau, je ne comptais plus les hommes de la rédaction qui, soudain, filèrent voir un urologue. Quelques mois plus tard, je participais avec plaisir à l'émission « Stars à Nu », produite par Arthur et présentée par Alessandra Sublet, sur la prévention des cancers.

Une émission sur les cancers féminins, une autre sur ceux des hommes, testicule et prostate. Enfin à la télévision ! J'ai pu témoigner devant des millions de téléspectateurs de l'importance de cette prévention et des suites parfois désagréables de l'opération. Mais elle m'a permis de vivre, et n'est-ce pas l'essentiel ?

Même vaincu, même tenu à distance, le cancer continue à impressionner et à faire peur. Je vois bien que, depuis mon retour, le regard de mon entourage a un peu changé au bureau. Or, pour préparer et diriger le 13 Heures, on ne peut pas se permettre d'être à 70 ou 80 %. Il faut être tout le temps à 100 % de ses capacités. S'y investir totalement. Se donner à fond pour justement réaliser un journal différent des autres.

Après avoir débriefé au débotté le journal du jour avec mon équipe dans l'*open space* qui jouxte le plateau, je ressens désormais quelques signes de fatigue. J'ai besoin d'écourter légèrement mes après-midi au bureau. Devrais-je m'inquiéter ? Après tout, ne suis-je pas convalescent ? Je lève un peu le pied. Du moins, je ne rentre plus aussi tard chez moi. Nathalie et les enfants apprécient. Il est vrai que pendant trente et un ans, j'ai été à mon poste de 7 h 30 à 19 heures. Dorénavant, je délègue davantage, et ce n'est pas plus mal. La vie est trop courte, trop fragile, pour ne pas essayer de se donner un peu plus de temps. Du temps à partager avec sa femme et ses enfants.

La crise sanitaire du printemps 2020 a fini de m'ouvrir les yeux : à soixante-dix ans, je fais dorénavant statistiquement partie des personnes à risque. Croyez-moi, ça fait réfléchir… et j'y pensais déjà à l'apparition de ce satané virus en France. N'ai-je pas été, dès le mois de février, le premier à TF1 à porter un masque alors que le gouvernement disait encore que c'était inutile ? Rétrospectivement, c'est drôle et terrible à la fois.

J'ai vite pris des précautions car outre mon cancer, comme avec « l'escadrille » chère à Jacques Chirac, j'avais eu aussi quelques petits soucis cardiaques plusieurs années auparavant. Comme chaque hiver depuis bon nombre d'années, je pratiquais la course automobile sur glace avec mon fils. C'est une discipline très exigeante qui requiert une solide condition physique. Juste avant mes soixante-deux ans, Nathalie m'avait suggéré de consulter un cardiologue afin de savoir s'il était encore raisonnable à mon âge de m'envoyer en l'air sur des pistes glacées avec tête-à-queue et tonneaux en option.

Mon cœur battait tout à fait correctement et je n'avais aucun problème mais, pour rassurer ma femme, le praticien m'avait fait passer un scanner. Et là, surprise… Suspendue à une table lumineuse verticale, je découvre une superbe photo de mon cœur aux couleurs magnifiques. Sur l'image, j'aperçois toutefois un « truc » noir qui détonne avec la colorimétrie d'ensemble :

— *Et ça, qu'est-ce que c'est, docteur ?*
— *Vous devriez être très mal en point, Monsieur Pernaut. Votre artère coronaire gauche est bouchée à 90 voire 95 %.*
— *??!*

Et il me dit que l'absence de symptômes s'explique par mes grosses artères que je dois sans doute, au sport que j'ai beaucoup pratiqué dans ma jeunesse. Rétrospectivement, je bénis mes années de hockey sur gazon, et surtout Nathalie de m'avoir sauvé la vie. Prémonition ? Dès le lendemain, on m'hospitalise et le médecin me pose un *stent*, un minuscule ressort de quelques millimètres de diamètre pour dilater le vaisseau. Je n'aurai même pas à m'absenter du journal. Opéré samedi matin, je suis sur pied, frais et dispos, le lundi matin. Dans les deux années qui suivront, j'aurai droit à deux autres petits ressorts, avec à chaque fois intervention le samedi, bureau le lundi. Jamais les journaux à scandale ne l'ont su, eux qui m'ont pourtant inventé des dizaines d'accidents ou de problèmes graves – mais, pas de chance pour eux, jamais les vrais.

Ils n'ont jamais imaginé non plus le premier de ma série d'ennuis après toute une vie sans le moindre arrêt de travail. 1er octobre 2015, match de rugby France-Canada durant la Coupe du monde. Je regarde la rencontre chez moi, en famille. Juste après la tranquille victoire des Bleus, je sors dans mon jardin fumer une cigarette. Ma terrasse est mouillée, lisse comme une patinoire. Je glisse. Mon genou heurte violemment le sol. Ma jambe ne répond plus. Affalé par terre, je rampe comme je peux jusqu'à la porte-fenêtre. J'appelle Nathalie, déjà couchée dans notre chambre au rez-de-chaussée. La douleur est insupportable, comme si j'avais reçu une décharge de chevrotine à bout portant. Nathalie entend mes hurlements. Elle m'emmène immédiatement aux urgences. Verdict ? Rupture totale du tendon quadricipital, qui fait le lien entre la rotule et le grand muscle de la cuisse. Or sans ce tendon, ni flexion ni extension de la jambe. Je suis opéré dès le lendemain matin dans une clinique voisine. Je sors du bloc avec une superbe cicatrice de vingt centimètres, façon gigot dominical. On m'astreint à huit jours d'immobilisation absolue. Le premier arrêt de travail de ma vie survient donc à l'âge de soixante-cinq ans ! Il m'oblige, hélas, à déclarer forfait pour la saison du trophée Andros qui commence un mois plus tard.

L'histoire aurait pu se terminer là, mais au bout d'une semaine, forte fièvre… infection, nosocomiale sans doute. Nouvelle intervention en urgence, nouvelle anesthésie générale, hospitalisation pour cette fois une dizaine de jours avant de pouvoir enfin reprendre le boulot avec mes béquilles. Au cours de l'année qui suivra, il me faudra subir encore trois autres opérations, plus légères mais quand même avec anesthésie générale chaque fois, pour finir de tuer la bestiole, et toujours le samedi pour retrouver l'antenne le lundi, avec mes deux jambes.

Je crois n'avoir jamais laissé paraître tous ces petits et gros problèmes à l'antenne. Un présentateur, c'est quelqu'un de fort et d'indestructible, bien sûr… Alors on s'accroche, on pense à tous ceux qui ont des difficultés encore plus graves que les nôtres et on garde le sourire. « *The show must go on* », même dans l'information, et c'est très bien comme ça.

11

Le bonheur du partage

Quand j'écris ces lignes, mon aventure au 13 Heures va bientôt s'achever. Les trois mois qui viennent de s'écouler auront été bien longs. Je n'imaginais pas qu'ils le seraient, d'autant plus que le reconfinement nous prive une nouvelle fois de toute vie sociale.

Depuis toujours avec mon équipe, nous avons l'habitude de déjeuner très souvent ensemble après le JT dans une brasserie voisine de TF1. On y a partagé de si bons moments de convivialité et de camaraderie ! Une équipe soudée, unie dans le même objectif de « faire un bon journal ». Et fière comme moi de tout le travail accompli jour après jour. Avec nos masques et nos sandwichs avalés rapidement sur un coin de bureau, nous trouvons cette fin d'année bien triste. Pourtant, nos audiences sont au plus haut et nos reportages qui montrent les richesses de nos régions, la passion et le savoir-faire d'artisans exceptionnels sont toujours aussi beaux. Je ne m'en lasse pas, tant les journalistes de TF1 et nos correspondants y mettent tout leur cœur.

En novembre dernier, nous avons lancé ce qui restera comme ma dernière « opération » au 13 Heures : les « Coups de cœur de Noël » de nos correspondants. Ce qu'ils nous ont proposé était magnifique. L'année précédente déjà, quand nous avions eu cette idée, nous nous étions régalés avec des traditions, des maisons illuminées, des marchés de Noël exceptionnels. En 2020, hélas, toutes les festivités ou presque ont été annulées. J'avais donc demandé à chacun de puiser dans sa mémoire. Quel a été votre plus beau souvenir de Noël ? Une veillée au coin du feu en Corse ? Un musée du jouet à Montauban ? Les illuminations de la cathédrale d'Amiens ? Un collectionneur de père Noël en Aquitaine ? La tradition des Bredele en Alsace ? Chaque correspondant y a vraiment mis tout son cœur. Quel bonheur pour moi de partager quelques minutes d'antenne avec eux sur ces sujets qui montrent leur attachement à nos racines et nos traditions !

Le bonheur du partage

On m'a toujours considéré comme un ardent défenseur des cultures régionales. N'ai-je pas été le premier, par exemple, peu après mon arrivée, à oser diffuser dans un JT national un reportage sur un groupe de chant magnifique en Corse, le Voce di Corsica ? Nous l'avons refait des dizaines de fois depuis avec d'autres groupes, d'autres régions, d'autre voix, d'autres langues, pour mettre à l'honneur toutes les cultures régionales que j'admire profondément. Ces cultures si fortes représentent une richesse inouïe de notre pays. Je les ai toujours mises en valeur comme je l'ai fait avec l'artisanat.

Nous diffusons régulièrement des reportages montrant des artisans au savoir-faire hors du commun. Récemment, l'un des derniers fabricants français d'appeaux, ces petits sifflets qui imitent le chant des oiseaux. J'ai été épaté par le reportage d'Éric Boucher. Tant de beauté et de poésie autour de simples objets en bois m'a une nouvelle fois emporté.

Le 13 Heures montre de belles choses, constamment. Des gens passionnés, des richesses insoupçonnées, et c'est l'une de mes grandes fiertés. J'ai toujours admiré la passion des artisans pour leurs métiers. Autrefois, il s'agissait souvent de personnes assez âgées qui avaient bien du mal à trouver des apprentis pour reprendre le flambeau. Au fil des ans pourtant, de plus en plus de jeunes se sont tournés vers ces métiers de création que l'on disait « en voie de disparition » et qui sont devenus des métiers d'art très prisés. Peut-être y ai-je modestement contribué, j'en suis en tout cas très heureux. Aujourd'hui, presque tous les reportages que nous réalisons avec ces artisans nous révèlent des gens contents de partager et de transmettre leur savoir-faire aux jeunes générations.

C'est exactement la même chose avec les agriculteurs que nous aimons rencontrer et dont nous racontons très souvent les passions comme les difficultés. Après l'annonce de mon départ, j'ai reçu un très beau courrier d'un ancien correspondant de TF1 à Lyon, Didier Guyot, qui a tourné pour nous de superbes reportages. Son petit mot m'a fait très chaud au cœur :

« *Merci, Jean-Pierre. Grâce à toi, j'ai pu rencontrer des femmes et des hommes simples, sincères, passionnés et sans artifices. Mais des êtres humains tellement riches intérieurement... Grâce à toi, j'ai pu les valoriser sans les caricaturer. Pour tous ceux que j'ai rencontrés, tu n'étais pas un Parisien hautain, ni un ethnologue qui vient faire une étude scientifique dans une tribu perdue. Tu es un ami qui semblait les comprendre. Ils ne cherchaient pas à passer à la télé, mais ce dont ils étaient fiers, c'était de parler de "leurs" pays, de "leurs" traditions… Chez eux, on ne donne pas de leçon, on partage. »*

Quel bel hommage ! Merci, cher Didier.

J'aime montrer tous ces personnages, et j'aime aussi associer les téléspectateurs à ce que nous diffusons quotidiennement. Cela est également l'une des grandes originalités de ce journal. Pour les « Coups de cœur de Noël », nous nous servons d'un site Internet pour que, de chez eux, les gens puissent donner leur avis, choisir celui qui les séduit le plus. C'est une manière de les faire participer à ce journal comme nous le faisons aussi pour les marchés depuis trois ans.

J'ai toujours aimé aller humer « l'air du temps » sur les marchés quand je vais quelque part en vacances. Je fais la même chose dans le journal. Nous avons eu l'idée en 2018 de faire élire « Le plus beau marché de France ». Là encore, l'envie de créer un lien avec les téléspectateurs. Résultat ? Un succès populaire considérable avec plus de trois millions de votes.

Chaque « élection » est pour nous l'occasion de sillonner toutes les régions et de mettre en avant à la fois leurs spécificités humaines, culturelles et historiques, mais aussi les produits et les producteurs. Chaque reportage donne un coup de projecteur fantastique sur les commerçants des marchés ainsi que sur les produits locaux tellement à la mode depuis que les citadins ont découvert les « circuits courts ». Chez nous, à la campagne, ça s'est toujours appelé « la vente directe ».

Jamais au 13 Heures, nous ne manquons l'arrivée des premières cerises, la récolte des châtaignes, celle des asperges, des melons ou des fraises. À chaque saison ses produits, et en parler dans le journal n'a rien d'anodin : nous redonnons aux consommateurs l'envie d'acheter d'abord des produits de saison ! Quelques commentateurs se moquent parfois des « marronniers » de mon journal, souvent avec ce regard méprisant des bobos à l'égard de la France rurale. Moi je suis très heureux de ne pas oublier ces richesses, comme les bons plats régionaux qui rafraîchissent en été et réchauffent en hiver.

Tout cela aussi fait partie de nos racines et de nos cultures : la choucroute, le pot-au-feu, la tête de veau, la potée ou l'aligot… C'est au 13 Heures et nulle part ailleurs ! Là encore, certains font la fine bouche. C'est une actualité qui concerne les Français dans les régions, et pas seulement pendant la « semaine du goût » que tous les autres médias attendent pour découvrir ce qu'on mange tous les jours.

C'est en cela notamment que le 13 Heures demeure un journal « positif ». J'ai toujours estimé que notre rôle n'était pas de présenter un ramassis de mauvaises nouvelles. L'actualité, dans mon esprit et dans celui des millions de Français qui choisissent de nous regarder, c'est tout simplement ce qui fait la vie. Il y a quelques années, beaucoup se plaignaient de l'aspect trop anxiogène des journaux télévisés. Le 13 Heures n'a jamais été la cible de ces critiques. L'équilibre se fait naturellement entre les informations « négatives » – le fameux « train qui n'arrive pas à l'heure » qu'on enseigne aux étudiants en journalisme –, et les informations très positives comme la richesse du patrimoine, de la gastronomie, des cultures ou de l'artisanat. Pour moi, les sourires, les regards, les passions, ce sont naturellement des informations importantes. Je reçois tellement de messages d'encouragements de nos téléspectateurs que je suis sans cesse conforté dans ces choix quotidiens.

En même temps, « mon » 13 Heures est réputé pour s'être érigé en « défenseur des régions ». Nos reportages, comme les opérations que nous lançons régulièrement, ont pour objectif d'être le reflet d'une France oubliée, qui vit, mais qui souffre aussi bien souvent. « SOS Villages » est sur ce point la plus emblématique.

Au milieu des années 1990, j'avais découvert dans une enquête que chaque jour, dix villages perdaient leur dernier commerce. Et un village qui n'a plus de commerces, c'est un village qui meurt. Renseignements pris, aucun organisme national ne s'occupant du problème, j'avais lancé ce SOS pour nos villages en utilisant la puissance du journal pour faire savoir au plus grand nombre, par des séries de reportages, que telle ou telle activité à la campagne cherchait un repreneur. Nous avons été noyés sous des milliers de lettres de potentiels candidats à la reprise d'une épicerie, d'un salon de coiffure, d'une boucherie ou d'une boulangerie. Et autant de commerçants cherchant à céder leur activité nous écrivaient aussi pour faire l'objet d'un reportage. Ainsi est née l'opération « SOS Villages ». Le courrier était trop lourd à gérer pour ma petite équipe, et nous n'avons pas tout de suite renouvelé l'opération, mais dès qu'Internet s'est développé quelques années plus tard, nous avons sauté sur l'occasion.

En cette fin d'année 2020, plus de 10 000 annonces sont à la disposition des internautes sur notre site. Et Sophie Perrelle, notre assistante qui les vérifie une à une, est fière comme nous quand elle apprend que des commerces et toute sorte d'activités sont sauvés grâce à cette opération. Il y en a eu des centaines chaque année depuis presque dix ans… Quel bonheur de constater que nous servons à quelque chose ! C'est une sorte de journalisme « militant », au service du public.

Nous avons également essayé de le faire quand des dizaines de milliers de magasins ont été fermés lors du deuxième confinement. Aussitôt, avec Dominique Lagrou-Sempère, dans la même logique que « SOS Villages », nous avons lancé « SOS Commerces ». Pendant un mois, nous avons accompagné ces commerçants avec une page spéciale chaque jour pour mettre en avant leurs initiatives, leurs idées pour tenter de survivre malgré la fermeture administrative de leurs boutiques. Nous avons créé une boîte mail pour que chacun puisse nous informer de ce qu'il faisait, ou plus simplement pour nous faire part de son ressenti de la situation. Là aussi, nous avons le sentiment de pratiquer un journalisme utile et positif qui a emballé les téléspectateurs avec des audiences inégalées.

Cette proximité avec les Français, et la relation directe que nous avons avec eux, s'exprime enfin dans deux autres rubriques régulières du journal : « Votre Histoire » et « L'Actu et Vous ». Deux idées qui me sont venues tout simplement pour être encore plus dans « la vraie vie ». Pour « Votre Histoire », l'idée est simple et inédite : aller là où le tir d'une fléchette sur une carte nous envoie, rencontrer des habitants et raconter leur histoire. Tout le monde a une vie à raconter. Et tous les gens que nous croisons adorent cette séquence de la « fléchette ».

Même attachement depuis quelques années à « L'Actu et Vous ». Chaque semaine, l'un de nos correspondants se promène dans une ville de son choix. Il tend le micro aux habitants à la recherche de réponses à une simple question : « Qu'est-ce qui vous a intéressé cette semaine dans l'actualité ? » Ce sont les Français eux-mêmes qui nous disent ce qui les a marqués, et non des journalistes qui choisissent pour eux. Là encore, c'était une sacrée nouveauté.

Le bonheur du partage

Avec le temps, toutes ces séquences ou opérations sont devenues immensément populaires. Elles confortent notre image de proximité correspondant à la mission qui m'a été confiée il y a trente-trois ans : faire un journal pour ceux qui le regardent. J'y ai ajouté : faire un journal avec eux. Aujourd'hui, j'ai arrêté le 13 Heures, mais je continue dans la même logique avec ma nouvelle émission « Jean-Pierre et Vous » sur LCI le week-end.

Je continue aussi l'émission « Au Cœur des régions », que j'ai créée il y a quelques années sur LCI avant d'en céder la présentation à Dominique sur LCI.fr. C'est une très belle émission dont nous sommes tous très fiers, la seule entièrement conçue pour un site Internet où elle rencontre un joli succès, grâce à la passion et au talent de Mona Hadji, chargée du développement digital du 13 Heures, et qui va maintenant m'accompagner dans mes nouvelles aventures.

Qui a dit que le 13 Heures était « ringard » ? Nous avons toujours été à la pointe sur l'utilisation des moyens modernes de communication. Les premiers à nous lancer sur le Net il y a bien longtemps, puis sur les réseaux sociaux, et maintenant sur cette nouvelle plateforme numérique, la JPPTV, qui regroupe tous les reportages montrant nos innombrables richesses régionales.

À côté de l'actualité dite « classique », que nous traitons le plus souvent possible avec un regard régional, toute cette place accordée à nos racines et à nos traditions confère une force extraordinaire au 13 Heures, soit grâce à nos opérations spéciales, soit grâce à nos reportages de la dernière partie du JT, qui portait jusqu'à mon départ le nom des saisons. Printemps du 13 Heures, été, automne ou hiver… Évidemment, à la campagne, on vit au rythme des saisons ! Le journal aussi.

J'espère que tout cela sera préservé pour rester au plus près des gens qui nous regardent et qui y sont particulièrement attachés. Un journal différent – ce qui explique les énormes écarts d'audience avec la concurrence –, c'est précisément un journal qui se prépare avec ses tripes, avec son ressenti sur l'actualité, mais aussi, et c'est essentiel, qui porte sur la beauté des gens et des choses. C'est ce que je me suis efforcé de partager avec un immense bonheur tous les jours à l'heure du déjeuner.

12

Drôle d'année pour s'en aller !

« Avec quelle personnalité aimeriez-vous être confiné ? » Le sondage est curieux. Il a été publié par *Télé Loisirs* au dix-neuvième jour du deuxième confinement. Trois catégories, trois lauréats : pour se régaler, c'est le chef Philippe Etchebest qui triomphe ; pour se marrer avec de bonnes blagues, la palme revient à Alain Chabat ; et pour *« refaire le monde et parler d'actu »*, je découvre que j'arrive en tête. Heureusement qu'on ne m'a pas choisi pour faire la cuisine… Je me débrouille bien, mais seulement pour le pot-au-feu. Quant aux blagues, j'aime souvent rigoler à celles des autres, mais je ne les retiens jamais. Va donc pour « refaire le monde » avec ma liberté de ton que les gens semblent apprécier, et qu'ils ont déjà plébiscitée au printemps dernier durant le premier confinement.

33 ans avec vous !

Quelle année 2020 ! Jamais nous n'aurions pu imaginer vivre des choses pareilles... Des hôpitaux débordés par une épidémie, une économie en panne et notre vie quotidienne totalement chamboulée : autorisations de sorties, masques, distanciation sociale de rigueur, interdiction de vendre des produits « non essentiels », télétravail généralisé... La vie sociale réduite à sa plus simple expression. Chacun chez soi et pas de contact. Quelle déprime collective ! Tout cela condensé en un seul mot que je n'avais jamais entendu de ma vie auparavant mais qui aura sans doute été le plus prononcé en 2020 : confinement. Nous avons tous vécu et subi cet isolement obligatoire, cet enfermement plus ou moins strict pour tenter de faire reculer la bestiole...

Samedi 14 mars, deux jours après que le chef de l'État a annoncé la fermeture des écoles pour le 16 mars, le Premier ministre Édouard Philippe déclare l'alerte générale.
À la même heure, Nathalie est avec ses partenaires de la pièce *Double Jeu* au théâtre du Gymnase. Comme chaque soir, ils donnent le meilleur d'eux-mêmes et ignorent que c'est la dernière fois. Ils quittent la scène heureux de l'accueil formidable que leur a réservé le public

Drôle d'année pour s'en aller !

venu très nombreux, encouragés par le président de la République lui-même qui s'était rendu au théâtre avec son épouse une semaine avant pour nous inciter à sortir. Mais ce soir-là, le directeur du Gymnase est catastrophé. Il apprend la nouvelle aux comédiens sitôt le rideau tombé : fermeture immédiate des théâtres, des restaurants, des bars, des cafés, et « confinement général » dès mardi 17, alors que deux jours plus tôt s'étaient tenues des élections… Les comédiens sont effondrés qu'après tant de travail pour préparer et répéter la pièce, tout s'arrête si brutalement. Des millions de Français sont dans la même situation.

Dès le lendemain à TF1, alerte générale aussi pour réorganiser tout notre travail. Le patron de l'information Thierry Thuillier m'appelle. Il connaît évidemment mes récents problèmes de santé. Il sait que depuis quelques jours je viens dans les locaux de la chaîne avec un masque pour me protéger. Je suis le seul d'ailleurs à le faire car, officiellement, ce n'est pas encore recommandé. Thierry me propose d'installer un studio automatique à la maison pour me *« mettre à l'abri »* tout en continuant le journal. J'accepte aussitôt, bien sûr, pas rassuré du tout par l'évolution galopante de l'épidémie. Ce sera un vrai télétravail appliqué à un présentateur.

33 ans avec vous !

Une première, comme le confinement… Et je décide tout simplement d'appeler cette future séquence : « Le 13 Heures à la maison ». On joint immédiatement mon remplaçant Jacques Legros, qui passe quelques jours de vacances en famille en Corse. Il rentre par le premier avion pour gagner le studio. Un JT à deux têtes ! Cela ne nous était jamais arrivé.

Lundi 16 mars, je suis encore au studio. D'habitude, au lendemain d'une élection, je propose toujours une édition spéciale avec les résultats, les reportages, les commentaires. Cette fois, j'expédie le plus rapidement possible ces municipales devenues surréalistes dans un contexte sanitaire pareil – on apprendra très vite d'ailleurs que le second tour sera reporté –, et nous montons à la place une « spéciale » consacrée au confinement qui va commencer dès le lendemain.

En début d'après-midi, je rentre à la maison. Branle-bas de combat. Yoann Saillon, directeur artistique de TF1, et un technicien débarquent chez moi pour transformer mon bureau en mini-studio. Ils poussent les meubles, installent une rampe de lumière qui surplombe une grosse caméra. Ils ont aussi apporté l'un de mes

Drôle d'année pour s'en aller !

tabourets habituels de TF1 qu'ils choisissent de poser devant une porte-fenêtre donnant sur mon jardin. Des millions de téléspectateurs, confinés comme moi, vont l'admirer tous les jours. Ils branchent un micro, une oreillette, et surtout un petit appareil gros comme un dictionnaire qui permet de transmettre images et son en direct et en 4G. Chaque jour, à 12 h 30 tapantes, je n'aurai qu'à appuyer sur deux boutons pour apparaître dans la régie du JT, comme si j'y étais. Miracle de la technologie moderne, mon petit studio entièrement automatique fonctionnera à merveille pendant 83 jours… Je les ai comptés un à un.

Mardi 17 mars, 12 h 25. J'enfile une chemise, une veste à laquelle je fixe le micro-cravate et j'appelle Nathalie. Dans trente minutes, je vais présenter mon premier « 13 Heures à la maison ». Ma femme, secondée par ma fille Lou, va me poudrer le visage puis, sous les directives de la régie à Boulogne, vérifiera le point sur la caméra. Cela deviendra un rituel. Faire un journal chez soi ! Quelle idée sympathique au début. Mais cela deviendra bien lourd au fil des semaines : jamais je n'aurais imaginé rester cloîtré aussi longtemps.

Les premiers jours, la formule a eu le mérite de me faire découvrir les charmes de la grasse matinée. Réveil à 8 heures au lieu de 6, petit déjeuner devant mon ordinateur relié à la conférence de rédaction qui se tient tous les matins avec très peu de monde autour de l'immense table habituelle. L'équipe présente dans la tour de TF1 a été réduite au strict minimum pour minimiser les risques de propagation du virus. Comme beaucoup d'autres journalistes, j'entame mon télétravail pour préparer chaque jour ma petite séquence de dix ou quinze minutes avec trois ou quatre reportages à la clef et quelques informations d'un confiné s'adressant à d'autres confinés. Je n'imagine pas une seconde que, mon regard sur l'actualité donnerait envie aux téléspectateurs, sept mois plus tard, de passer le deuxième confinement avec moi !

Comme j'ai la chance d'avoir un jardin, j'y passe de longs moments dans la matinée pour travailler en profitant du soleil printanier. Je prends des nouvelles de mes correspondants dans les régions qui, eux, travaillent dans des conditions extrêmement difficiles. Et je pense à tous les confinés dans leurs appartements, sans terrasse ni balcon, pour qui cette assignation à résidence doit ressembler à un vrai cauchemar.

Drôle d'année pour s'en aller !

Interdiction de sortir, sauf avec ces fameuses attestations, même pour aller acheter une baguette ! Ça aussi, c'est du jamais vu. Je me souviens que ma mère me racontait ce qu'elle avait vécu pendant la Seconde Guerre mondiale : il fallait des laissez-passer pour se déplacer dans la France occupée. Mais pas pour aller acheter son pain… Il n'y en avait pas ! Cela dit, elle me racontait aussi qu'avec toute la famille et mon frère qui venait de naître, ils vivaient souvent terrés dans leur cave pour échapper aux bombardements qui ont tout détruit à Amiens, sauf la cathédrale. Ces souvenirs relativisent quand même beaucoup la notion d'enfermement que nous subissons aujourd'hui.

Pour moi, ce premier confinement aura duré trois mois. Le 11 mai, je pensais pouvoir revenir au bureau, comme tout le monde. Mais ce n'était pas l'avis du médecin du travail de TF1. À soixante-dix ans, j'étais classé parmi les gens les plus fragiles que le Premier ministre souhaitait voir rester encore un peu chez eux : *« Non, Monsieur Pernaut. Je dois appliquer les directives officielles. Pas question d'accepter que vous reveniez… »* J'étais pourtant en pleine forme et je peux vous dire que cet appel m'a carrément plombé le moral.

Soixante-dix ans ! Pensez donc ! J'avais fêté mon anniversaire quelques jours plus tôt avec Nathalie et les enfants. On avait imaginé une belle fête pour l'occasion. On la ferait plus tard ! Durant les deux premiers mois du confinement, Nathalie n'est sortie munie de son attestation que deux fois pour faire les courses. Et les enfants, jamais. J'ai donc vécu cette période comme tout le monde, et c'est ce que je racontais chaque jour dans ma chronique. Un journal de 13 Heures par la force des choses plus proche que jamais de ses téléspectateurs. C'est peut-être cela qui m'a valu d'être sacré en juin « personnalité télé préférée des Français ». À moins que ça ne soit le résultat des petites piques glissées dans mes commentaires. Elles reflétaient seulement mon vécu des choses, tellement éloigné des discours officiels.

En tout cas, ces trois mois d'isolement m'ont paru, comme à beaucoup d'entre vous je présume, une période complètement irréelle, égayée toutefois pour moi par la participation en vidéo à quelques émissions, confinées elles aussi : l'une avec Cyril Hanouna, une autre avec Arthur quelques jours plus tard, et une autre encore, en duo cette fois, avec Nathalie dans « Qui veut gagner des millions ? » de Camille Combal. Sinon, à part ma chronique du JT,

Drôle d'année pour s'en aller !

j'occupais mes journées à ranger, et à jardiner l'après-midi en profitant d'un printemps magnifique. Et chaque jour à 18 heures, comme vous, j'avais droit au terrible rendez-vous avec Jérôme Salomon, le directeur général de la Santé, et sa litanie du nombre de morts en direct sur les chaînes d'infos...

Dehors, silence dans les rues, pas une trace d'avion dans le ciel. Seule la nature semblait vivre normalement. J'ai essayé de la partager avec ceux qui n'avaient pas cette chance en montrant à l'antenne, au fil des semaines, d'abord des jonquilles, puis l'arrivée des lilas, un brin de muguet et des roses au début du mois de juin avant, enfin, de pouvoir retrouver l'immeuble de TF1 et mon beau studio.

Mais, je l'ai déjà dit, cette longue période m'a aussi permis de réfléchir, de penser à l'avenir avec ma femme, de décider de tourner la page du 13 Heures et de changer de rythme. Peut-être finalement ai-je simplement pris goût aux grasses matinées répétées ! Qui sait ?

Ce fut un immense plaisir pour moi en tout cas de retourner à mon bureau, de revoir mon équipe et de trouver une solution pour sauver notre élection du « Plus beau marché de France ». Nous avions dû l'annuler pour cause de confinement. Mais je tenais à inventer une autre formule, ne serait-ce que pour rendre hommage à tous les producteurs et tous les commerçants de proximité qui s'étaient pleinement donnés pendant ces deux mois terribles pour nous permettre de vivre.

Ce seront donc des « Coups de cœur de nos correspondants pour nos marchés ». Nous sommes allés avec eux dans toutes les régions pendant six semaines et c'est le marché de Dieppe qui a séduit le plus grand nombre de téléspectateurs dans le vote que nous avons organisé sur Internet. Dominique Lagrou-Sempère y a présenté avec un immense plaisir une jolie page spéciale. Et pour cause, c'était chez elle !

Cet hiver aussi, nous avons replongé avec joie dans une autre très belle opération du 13 Heures : « Les coups de cœur de Noël » de nos correspondants. Un peu de magie qui fait le plus grand bien en cette fin d'année morose pour tenter de compenser l'annulation de tant de beaux événements comme les marchés de Noël ou les foires aux santons.

Le confinement n'a pas tué la proximité avec les gens, ni leur attachement si précieux à ce journal depuis si longtemps. Je crois même qu'il

Drôle d'année pour s'en aller !

les a renforcés. En juin et juillet, les Français ont retrouvé les petits plaisirs de la vie, en se protégeant quand même du virus. Mais après les vacances d'été, nous avons tous constaté que quelque chose clochait. Le « déconfinement réussi » vanté par le gouvernement se révélait un échec puisque, quelques jours après la rentrée des classes en septembre, l'épidémie flambait à nouveau. Même scénario qu'en mars dernier, cette fois avec des masques, des hôpitaux débordés, des soignants épuisés, des villes sous couvre-feu, et, finalement, la décision de reconfiner partiellement le pays avec une succession de mesures parfois curieuses et mal acceptées par des professionnels déjà « au bout du rouleau » après la précédente mise sous cloche : fermeture des cafés et restaurants ainsi que de milliers de commerces dits de « proximité » jugés « non essentiels ». Fermeture aussi des salles de sport et de spectacles. Une catastrophe absolue pour tous à quelques semaines des fêtes de Noël.

Pour ce deuxième confinement, nous avons retrouvé nos fameuses attestations pour sortir de chez soi, aller faire du sport ou ses courses. Pour ma part, j'avais décidé de ne pas réitérer le scénario du printemps et donc de présenter « normalement » le journal depuis Boulogne.

33 ans avec vous !

Mais nous avons tous senti, plus qu'au printemps, monter une grosse déprime des Français avant les fêtes.

Je le constate quotidiennement dans tous les messages que vous êtes des milliers à m'adresser : un ras-le-bol général, autant vis-à-vis de l'épidémie elle-même que des mesures qui l'accompagnent. Parmi eux, aussi, beaucoup d'encouragements et de soutien pour ce que je vais faire après le 13 Heures, et ça et là, des messages de tristesse : « Pourquoi partez-vous cette année ? On n'avait vraiment pas besoin de ça en plus du virus ! » Mais finalement, vous ne m'en voulez pas trop si j'en crois un nouveau sondage de *TV Magazine* publié début décembre qui me replace, comme au printemps 2020, en tête des personnalités télé préférées des Français et même, en toute fin d'année dans le *JDD*, à la troisième place du Top 50 annuel des personnalités masculines préférées des Français, derrière l'indéboulonnable Jean-Jacques Goldman et Omar Sy.

Quelle année nous venons de vivre ! « *Quelle année de m… !* » résumait si bien Axel Cariou de TF1 dans le Tweet qu'il m'a envoyé le 15 septembre en apprenant mon prochain départ du JT. Le virus est toujours parmi nous et

Drôle d'année pour s'en aller !

personne ne sait de quoi sera faite 2021. Malgré tous les événements énormes qui ont bouleversé le monde depuis que je fais ce métier, je crois n'avoir jamais ressenti quoi que ce soit de semblable. Et vous non plus, sans doute, même si après les attentats du 11 septembre 2001, on avait déjà tous dit que le monde d'après ne serait plus jamais comme celui d'avant.

Pour moi, c'est certain qu'il sera différent puisque j'occupe les dernières semaines de 2020 à préparer ma « sortie » du journal. Je n'arrête pas pour autant la télévision : je crée une plateforme digitale qui regroupera tous les reportages consacrés aux régions dans nos JT, toutes « mes » opérations comme « SOS Villages » ou l'élection du « Plus beau marché », tous les sujets sur l'actualité de ces régions et les magazines sur leurs richesses. C'est la JPPTV que j'animerai régulièrement avec mes coups de cœur ou mes coups de gueule, bien sûr. Comptez sur moi. À mon âge, on ne change plus ! Donc cette JPPTV que nous lançons, c'est tout l'univers que j'ai construit depuis trente-trois ans et qui va continuer à s'enrichir. J'espère que vous serez nombreux à m'y suivre.

Je viens aussi de démarrer une nouvelle émission sur LCI, « Jean-Pierre et Vous ». Elle donne la parole à ceux qui ne l'ont jamais afin qu'ils commentent l'actualité. Là encore, c'est une émission qui me ressemble et me permet de garder le contact avec vous, ce contact si précieux qui a tellement marqué ma vie professionnelle.

Peut-être aussi aurai-je le plaisir de vous croiser à nouveau au bord d'une scène de théâtre ? On y travaille avec Nathalie !

Épilogue

LE DER DES DERS

« *Je vous aime et je ne vous oublierai jamais.* »
Ce sont mes derniers mots dans « mon » journal de 13 Heures avant de passer la main à Marie-Sophie Lacarrau. J'ai tenu à ce qu'elle soit à mes côtés à la fin de ce fameux dernier JT. Non, ce n'est pas un vide que je laisse. Un élément de ma chère famille du 13 Heures s'en va, mais tous les autres membres vont se mobiliser avec Marie-Sophie en cette année 2021 comme ils l'ont fait avec moi depuis si longtemps. Nous avons terminé le journal tous les deux, et tous les deux nous avions les larmes aux yeux.

Sacré journal que ce dernier 13 Heures, et je ne l'oublierai jamais non plus. Je m'y étais pourtant préparé, mais je n'imaginais toujours pas à quel point il allait me submerger d'émotions. J'étais arrivé le matin, comme d'habitude, le cœur un peu serré, mais plutôt en forme. Parking et couloirs déserts comme tous les matins vers 7 h 30. Mais en arrivant dans mon bureau, ils étaient tous là. Salve d'applaudissements. Le cœur qui se serre un peu plus. Pas d'effusions derrière nos masques anti-Covid mais la certitude qu'il se passait vraiment quelque chose, que nous arrivions enfin au terme d'une période de « transition » beaucoup trop longue. Il y a trois mois que j'ai annoncé mon départ ! Trois mois d'interviews, de réunions pour préparer la suite avec la JPPTV et ma future émission « Jean-Pierre et Vous », et bien sûr, le journal quotidien à préparer, comme si de rien n'était. Pas facile ni pour moi, ni pour mes rédacteurs en chef, ni pour l'équipe qui m'entoure.

Ce dernier matin, ils sont tous là, debout. Ils applaudissent. Déjà quelques larmes. J'ai du mal à imaginer que c'est pour moi. J'essaie de plaisanter en leur disant qu'il me reste quatre heures pour, peut-être, changer d'avis et réserver une belle surprise à la fin du JT : « Merci, mais finalement, je suis bien ici et j'y reste ! » Raté, je suis le seul que cela amuse… Rapide réunion pour préparer ce mini-journal

Le der des ders

de dix minutes. Les départs en vacances, la tension dans les hôpitaux, la cohue dans les magasins pour le dernier week-end avant Noël, et, j'y tiens toujours autant, un direct avec Sylvie Tellier et Jean-Pierre Foucault en pleine répétition au Puy du Fou à la veille de l'élection de Miss France 2021. Dix minutes d'un journal d'une heure dont je ne sais rien d'autre. Un secret absolu a été préservé pour me faire des « surprises ». C'est mon ancienne rédactrice en chef, Anne de Coudenhove, qui a été appelée à la rescousse par Thierry Thuillier pour le préparer avec Fabrice Decat. Ils y travaillent en secret depuis des semaines avec toute la rédaction et avec les correspondants en régions.

Comme tous les jours, vers 8 h 30, nous partons dans la grande salle de conférence pour retrouver les responsables de tous les services de la rédaction. Habituellement, nous sommes une vingtaine. J'ouvre la porte, la salle est archicomble. Une centaine de journalistes et de techniciens se lèvent en me voyant et se mettent à applaudir. Longuement. Ils n'arrêtent pas d'applaudir. L'émotion est trop forte. J'arrive à balbutier quelques mots de remerciements. En face de moi, malgré les masques, des regards embués de larmes, des sourires bienveillants.

J'ai bien du mal à retenir quelques larmes aussi. Ils sont venus à leur manière me dire au revoir. On a fait tellement de belles choses ensemble !

Pour le principe, on fait un rapide tour d'horizon de l'actualité. Toujours rien sur le « JT surprise ». Re-applaudissements. Décidément, je vais avoir beaucoup de mal à tenir jusqu'à 14 heures !

Heureusement, avec Caroline Stevens qui a si bien organisé toutes mes interviews et relations avec la presse depuis trois mois, nous avons décidé de ne rien faire ce matin pour me laisser profiter à fond de cette atmosphère extraordinaire.

Des interviews, j'en ai donné des dizaines et le rythme s'est accéléré ces derniers jours. Toute la presse (ou presque) s'est battue pour m'avoir quelques minutes au téléphone. Ce que je ressens, mes fiertés, mes regrets aussi – mais je n'en ai aucun –, mon avenir, ma famille… Quelques interviews devant des micros ou des caméras, des séances photos pour immortaliser « le premier qui a décidé tout seul de lâcher son fauteuil ». Parmi tous ces entretiens, je retiens surtout la formidable rencontre avec quelqu'un que j'apprécie énormément : Audrey Crespo-Mara pour le « Sept à Huit » de mon ami

Le der des ders

Harry Roselmack. Interview intimiste, sympathique, attachante. J'avais la boule au ventre en répondant aux questions d'Audrey. Dans la presse écrite, l'approche du 18 décembre s'est traduite par un nouveau déferlement d'articles, encore plus fort qu'à l'annonce de mon départ. Des unes par dizaines. Et moi, toujours aussi surpris de susciter un tel engouement. Encore plus surpris de constater sur l'écran de télévision de mon bureau que LCI me consacre tous ses débats de la matinée. Incroyable !

Mais ce fameux vendredi de la « der des ders », j'essaie donc de profiter de mon équipe. En fait, j'ai l'impression d'être sur un petit nuage, comme si tout ce qui se trame autour de moi ne me concernait pas. Coup d'œil quand même, par habitude, aux audiences de la veille. Elles ont été magnifiques, comme toute la semaine grâce, déjà, à quelques surprises que Dominique Lagrou-Sempère m'a faites chaque jour depuis lundi. Des mots, des sourires, des souvenirs, notre complicité traduite pour la première fois par des tutoiements à l'antenne, et des reportages rien que pour moi et pour les téléspectateurs qui me suivent depuis si longtemps. Le souvenir de mes débuts racontés par Élisabeth Tran, les images formidables de

33 ans avec vous !

la France des régions que j'ai montrée avec passion grâce au talent de journalistes-cameramen tout aussi passionnés comme Alain Darchy. La photo de Darchy et de son fameux béret, sa voix éraillée mais tellement touchante. Comme le jour de sa mort, je n'ai pas pu non plus retenir mes larmes en réentendant ce paysan auvergnat dont Alain avait recueilli le témoignage, Monsieur Boudon, nous parler de ses racines qui sont aussi les nôtres.

À travers lui, ce sont les souvenirs de tous les beaux reportages diffusés dans la vraie France qui me sont revenus à l'esprit. Et en plateau à mes côtés, Dominique si émue elle aussi ! Nous avons pleinement profité de ces quelques instants ensemble après tant d'émissions spéciales et d'opérations réussies au service des Français. De l'émotion et des rires aussi avec un tour d'horizon des gentilles moqueries de quelques imitateurs ou humoristes qui ont accompagné le 13 Heures à leur manière, de Laurent Gerra à Nicolas Canteloup en passant par l'équipe de « Quotidien » de Yann Barthès avec leur célèbre « Stranger JP » ! En tout cas, un beau partage avec les téléspectateurs et de jour en jour, cette semaine-là, les audiences ont grimpé jusqu'à 48 % de part d'audience.

Le der des ders

Presque un téléspectateur sur deux devant le JT de TF1 ! Avouez qu'on peut partir dans de moins bonnes conditions…

Le 18 décembre, pas d'interview nouvelle pour la presse, mais encore quelques unes de journaux, du *Parisien* au *Courrier picard*, partagées avec le président de la République testé positif au coronavirus la veille. Quelques dessinateurs de presse s'en donnent d'ailleurs à cœur joie me caricaturant en colère de devoir partager la vedette, ce jour-là précisément, avec le chef de l'État.

La matinée s'écoule donc comme dans un rêve. Vers 11 h 30, comme d'habitude, je descends d'un étage pour m'isoler dans la « salle de frappe » du journal avec Rose Le Du, aujourd'hui dactylo mais qui a longtemps été mon assistante et qui a tenu à être de service pour ce dernier JT. Quelques lancements de sujets. Et toujours le mystère sur la surprise qui viendra… Même Mehdi Chebana ne me dit rien. Sourires énigmatiques quand j'essaie de lui tirer les vers du nez. J'ai tellement peur de ne pas tenir le coup tout à l'heure en direct ! De temps en temps, la porte s'ouvre. Des visages apparaissent pour me faire un bisou de loin ou m'encourager, notamment Gilles Pélisson, le

PDG du groupe TF1, Tierry Thuillier, le patron de l'information, qui a tout organisé pour cette journée pas comme les autres, ou encore Anne de Coudenhove. J'ai de plus en plus le cœur serré, mais il faut y aller.

Près du studio, je traverse une grande pièce généralement presque vide. On l'appelle la « salle de fabrication », qui porte le nom de mon ami, le regretté Patrick Bourrat. Elle est remplie de journalistes voulant à la fois me soutenir et partager ces moments qui, m'a-t-on dit, vont « entrer dans l'histoire de la télévision ». J'ai toujours autant de mal à m'en rendre compte moi-même, malgré une dépêche de l'agence France-Presse le matin pour retracer ma carrière et annoncer l'événement.

Aux manettes du journal, le réalisateur Éric Freslon et à l'oreillette, Frank Baudoux et Philippe Perrot. Deux chefs d'édition pour une spéciale, c'est rare aussi. Je suis dans une sorte d'état second en pénétrant sur le studio, mon « plateau » pour encore quelques minutes.

« Mesdames et Messieurs, bonjour. C'est la dernière fois que je vous le dis après les 7 000 déjeuners que nous avons passés ensemble... »

Le der des ders

Je lance les quelques sujets prévus. Tiens, pour une fois, je n'improvise pas. Pas de petite phrase. Les internautes vont être déçus… Ça ne les a pas empêchés de m'envoyer ce matin des dizaines de milliers de messages d'encouragements. Volontairement, je n'ai pas ouvert mon téléphone de toute la matinée. Je les lirai ce soir. Après…

Arrive le duplex avec le Puy du Fou. Sylvie et Jean-Pierre entourés de toutes les candidates à l'élection de Miss France. Ils parlent de moi, me remercient, les jeunes femmes m'applaudissent. C'était le dernier lancement de ma carrière de présentateur. Gilles Bouleau et Anne-Claire Coudray entrent sur le plateau et je deviens spectateur de la suite.

Quel bel hommage ! Les surprises s'enchaînent. Mon village de Quevauvillers où un écran géant a été installé dans la salle des fêtes pour ne rien manquer de ce JT ; Sébastien Hembert en direct avec mes copains d'école primaire. Partout en France avec mes chers correspondants, des directs, des reportages où j'entends, toujours dans un état second, des remerciements, des accents, des cultures, des hommes et des femmes que j'ai mis en avant. Du Nord à la Corse en passant par le Pays basque,

33 ans avec vous !

Marseille, l'Alsace avec mes vieux compagnons de trente ans Laurence Claudepierre et Jacques Rieg-Boivin, la Bretagne ou l'Auvergne. Ils sont tous là avec moi. Je retiens tant que je peux mes larmes et mon émotion, mais elle finit par me submerger. C'est tellement fort ! Trente-trois ans de journal défilent dans ma tête.

Autre immense surprise, l'arrivée sur le plateau de ma femme avec Tom, Lou et mon petit-fils Léo. Même eux ne m'avaient rien dit. Je croyais Nathalie en route pour le Puy du Fou – où elle sera le lendemain membre du jury Miss France – et les enfants très occupés par des contrôles au lycée ou en fac. Ils avaient bien caché leur jeu ! Et le petit Léo, le fils d'Olivier, qui lui ne peut pas être là car il court au trophée Andros en Andorre au même moment. Léo tellement heureux d'être avec moi !

En vingt ans, jamais Nathalie n'était venue à TF1. Quel magnifique bonheur de les avoir à mes côtés ! Mais d'autres surprises arrivent.

Dominique Lagrou-Sempère est là, bien sûr, avec quelques photos des coulisses de nos belles émissions spéciales à Sanary-sur-Mer, à Montbrison ou à Sainte-Mère-Église. Que d'amour et d'amitié dans tout ce qu'elle évoque, y compris une photo de moi en caleçon à Sanary et une autre avec les cheveux longs datant de mes études à Lille dans les années 1970 ! Jacques Legros, qui me remplace depuis vingt et un ans pendant mes congés, a tenu également à être là, comme Michel Izard en coulisses. Michel dont le magazine, qu'il me consacre, sera diffusé juste après ce journal. Je l'ai visionné hier. Larmes, encore.

Gilles et Anne-Claire enchaînent les lancements. Et puis, comme dans toute fête de famille, j'ai droit à une chanson. La plus belle de toutes. Parmi les correspondants, nous avons un maître de chorale exceptionnel : Sébastien Hembert. Notre amoureux du carnaval de Dunkerque a écrit un texte magnifique pour me dire l'attachement de tous à ce que nous avons construit ensemble. Pour me remercier aussi. Tous les bureaux y participent. Ils ont tous enregistré en secret. Le montage est superbe. Là, les larmes coulent, et j'ai bien du mal à reprendre ma respiration pour la fin de ce journal qui m'a pris aux tripes.

Pour refermer ce JT unique, j'ai souhaité que Marie-Sophie soit là. Je l'accueille. C'est désormais son journal. Elle est aussi émue que moi et tous les téléspectateurs qui nous regardent. On apprendra le lendemain qu'ils étaient plus de 8 millions. Soit ce jour-là 60 % du public, le record d'audience des quinze dernières années.

« *Il est temps pour moi de vous dire au revoir. Je m'y prépare depuis des mois. Et pourtant, j'ai bien du mal à garder la tête froide. Comment le pourrais-je après tant d'émotions, de surprises, et surtout après trente-trois ans avec vous ! On a créé des liens très forts et je voudrais simplement vous dire que j'y ai mis toute ma passion pendant presque la moitié de ma vie… Ça a été un honneur de pouvoir traverser la petite et la grande histoire du monde grâce à vous, à votre fidélité. Et pour beaucoup, celle de vos grands-parents ou parents.*

Ça a été une aventure extraordinaire d'impulser le travail de tant d'équipes pendant toutes ces années, pour vous écouter et faire entendre tous ceux qu'on n'entend pas ailleurs. Ça a été une révolution il y a trente-trois ans, ça a été ma ligne de conduite depuis trente-trois ans et j'en suis très fier. Faire entendre et montrer toutes les richesses de nos régions jusque dans les plus petits villages. On a traversé ensemble pas mal de tempêtes aussi ! Merci à mes trois patrons, Patrick Le Lay, qui nous a quittés il y a quelques mois, Nonce Paolini et Gilles Pélisson de m'avoir laissé cette liberté formidable. Liberté et indépendance sans lesquelles ce métier n'aurait aucun intérêt.

Le der des ders

Je voudrais saluer tous nos correspondants dans les régions. C'est l'âme du journal. Et je suis très triste de les quitter aujourd'hui. Ils se sont tellement battus à mes côtés. Merci aussi aux journalistes, aux techniciens, aux assistantes, qui m'ont entouré ici avec beaucoup de talent pour construire le journal tous les matins. On a formé la famille du 13 Heures pendant trente ans.

Donc j'arrête. Avouez qu'à mon âge on peut avoir envie d'un autre rythme. J'ai une pensée pour ma femme, Nathalie, et pour ma mère qui, pendant trente ans, n'a jamais manqué un journal. De là-haut, elle nous regarde sans doute.

J'arrête le 13 Heures le cœur serré, mais je suis confiant pour la suite. Marie-Sophie adore les régions, elle aussi, et je lui laisse les clefs de la maison. Elle est en très bon état.

Juste un dernier au revoir. Je vous souhaite un joyeux Noël malgré toutes les difficultés de cette année épouvantable. Et vivement la prochaine. Je vous embrasse du fond du cœur. Merci. Je vous aime. Je ne vous oublierai jamais. »

Le générique de fin démarre. Apparaissent les dizaines de visages de tous ceux qui ont fait ce journal depuis si longtemps avec dans la bouche de chacun ces simples mots : « *Merci, Jean-Pierre* ».

Je suis figé devant l'écran de contrôle. Je ne respire plus. Ils sont tous là. Sylvain, Michelle, Marie-Jo, Alain, Gabriel, des dizaines d'enregistrements simples mais tellement émouvants, toute la rédaction d'aujourd'hui autour d'Anne de Coudenhove et de Fabrice. Je n'en crois ni mes yeux ni mes oreilles de voir et d'entendre tant de remerciements. C'est moi qui devrais les remercier, du fond du cœur, d'avoir rendu possible cette formidable aventure.

Je sors du studio complètement vidé par tant d'émotions. Voilà, c'est fini. Mais en arrivant dans la salle de fabrication qui jouxte le studio, dernière surprise. La pièce est noire de monde. Ils m'applaudissent, sans fin… Trois, quatre, cinq minutes d'applaudissements, je ne sais pas, je ne sais plus. J'ai envie de leur dire que c'est trop pour mon petit cœur de septuagénaire. Je ne dis rien. Je profite de ces instants extraordinaires au plus profond de moi.

Ce soir, je vais quitter TF1 soulagé d'être encore debout. Heureux d'entamer ma nouvelle aventure avec mon émission sur LCI, le samedi à 13 h 45, et la JPPTV, qui a séduit 100 000 abonnés en deux jours, ce qui est paraît-il énorme dans le digital. Au boulot !

La Chanson des correspondants
chantée lors de mon dernier journal
vendredi 18 décembre 2020

Paroles de Sébastien Hembert, sur l'air de Salut les amoureux *de Joe Dassin*

Les journées se suivent et se ressemblent
Mais quand il est 13 heures au quotidien
À ce moment-là, on est ensemble
La France qui se découvre, on s'y sent bien !

Et grâce à toi Jean-Pierre Pernaut
On est devenus des héros
Du bout de la rue ou du bout de la région
À raconter la vie des gens
De ceux qu'on n'entend pas souvent
En toute simplicité mais avec un accent

33 ans avec vous !

Et pas question que l'on se quitte
Un bye-bye sans penser à demain
À demain qui vient toujours un peu trop vite
On ne te dit pas au revoir et on n'reste pas loin

Tu nous a appris tant de belles choses
Et d'abord à aimer notre métier
À soigner la relation à l'autre
Et ne pas suivre les chemins tout tracés

On a marché des kilomètres
À savoir vivre, à savoir être
Dans nos campagnes, pour aller faire un plan
Quand les bergers qui fuient l'hiver
En regrettant les prairies vertes
Nous, on est en chemin en si peu de temps

Et pas question que l'on se quitte
Un bye-bye sans penser à demain
À demain qui vient toujours un peu trop vite
On ne te dit pas au revoir et on n'reste pas loin

Et quand on va repartir sur les routes
En traversant nos villages lointains
Tu vas occuper nos esprits sans doute
On n'efface pas tout ça d'un revers de main

La Chanson des correspondants

Comment te dire merci alors
Merci pour ton humanité
Et ton amour des recoins du pays
Des traditions, des amitiés, des carnavals
La neige tombée
La beauté d'une cathédrale gothique en Picardie

Et pas question que l'on se quitte
Un bye-bye sans penser à demain
À demain qui vient toujours un peu trop vite
On ne te dit pas au revoir et TU n'restes pas loin

Remerciements

Merci à Guillaume Evin de m'avoir si bien aidé à remettre de l'ordre dans mes souvenirs et mes idées…

TABLE DES MATIÈRES

Avant-propos : Fiertés et passions 9
1. Coup de tonnerre dans le PAF 13
2. Racines, vocation et premiers pas 35
3. À vous Cognacq-Jay ! 53
4. Les révolutions du 13 Heures 73
5. Vous avez dit impertinence ? 105
6. Les aventures et les rencontres du 13 Heures 123
7. Ma famille du 13 Heures 151
8. Le bon sens près de chez vous 163
9. Des passions pour décrocher 193
10. Le cœur bien accroché 221
11. Le bonheur du partage 239
12. Drôle d'année pour s'en aller ! 251
Épilogue : Le der des ders 265
La Chanson des correspondants 279

Mise en pages
PRESS·PROD

Impression réalisée par
CPI Brodard et Taupin

Dépôt légal : février 2021
N° d'impression : 3041431
ISBN : 978-2-7499-4587-3
Code LAF 3041